内隐学习

如何理解“一心多用”与“一心专用”

李秀君 著

中共中央党校出版社

图书在版编目（CIP）数据

内隐学习：如何理解“一心多用”与“一心专用”/李秀君著. -- 北京：中共中央党校出版社，2022.10

ISBN 978-7-5035-7313-2

Ⅰ.①内… Ⅱ.①李… Ⅲ.①学习方法—研究 Ⅳ.① G791

中国版本图书馆 CIP 数据核字（2022）第 085339 号

内隐学习——如何理解“一心多用”与“一心专用”

策划统筹 刘 君
责任编辑 王慧颖
装帧设计 一亩动漫
责任印制 陈梦楠
责任校对 李素英
出版发行 中共中央党校出版社
地　　址 北京市海淀区长春桥路 6 号
电　　话（010）68922815（总编室）（010）68922233（发行部）
传　　真（010）68922814
经　　销 全国新华书店
印　　刷 北京盛通印刷股份有限公司
开　　本 710 毫米 ×1000 毫米 1/16
字　　数 196 千字
印　　张 18.5
版　　次 2022 年 10 月第 1 版 2022 年 10 月第 1 次印刷
定　　价 69.00 元

微 信 ID： 中共中央党校出版社 **邮　　箱：** zydxcbs2018@163.com

序 言

多年来，我带领自己的团队持续在隐性知识管理领域进行耕耘，随之发现隐性知识的其中一个重要来源是内隐学习，于是阴差阳错地踏入了相关领域并做了一些研究工作。李秀君博士从硕士阶段就跟随我从事隐性知识与内隐学习的关系研究，屈指算来已十有二年，目前这本专著就是她研究成果的一个阶段性总结。

深入探讨隐性知识与内隐学习的关系在知识经济快速发展的今天无疑具有更现实的意义。海量的信息每时每刻都充斥着人们的生活，而能够使用最少的心理资源获取最多的信息资源，几乎是每个人的渴求。本书正是立足于时代需求，以“内隐学习认知资源节约性”的独特优势为着眼点，着重解析了内隐学习表征机制和选择性注意对内隐学习的影响。“表征机制”是探讨内隐学习是具有统一的领域共同性的加工机制，还是具有多重的领域特异性的加工机制，对该问题的探讨能够帮助我们理解人类为何能够一心多用，在同一时间内能够加工多种不同的信息。“选择性注意对内隐学习的影响”则是探讨内隐学习的发生是否需要注意的参与，对该问题的探讨能够帮助我们理解人类为何能够一心专用，在众多信息中有选择地加工某一个信息。

该书结构清晰，内容丰富，资料翔实。作者首先对什么是内隐学习进行了概述，具体介绍了内隐学习的特点及研究范式（第一章），接下来详尽综述了内隐学习表征的心理机制和神经基础相关研究进展（第二、三章），在此基础上提出了本书研究的总体构想（第四章）。全书一共包含四个实证研究：前两个研究（第五、六章）分别探讨一心多用背后的心理机制以及神经基础；后两个研究（第七、八章）分别探讨一心专用背后的心理机制。

该书观点鲜明，角度新颖。本书提出内隐学习可能具有多重学习子系统，从而使得多重信息的内隐学习可以并行独立、互不干扰地发生。此外，本书支持“内隐学习发生需要选择性注意”的观点，即选择性注意就好像一盏聚光灯，只有那些落在光线范围（注意范围）内的刺激才可以发生内隐学习，那些落在光线范围（注意范围）外的刺激不能够发生内隐学习。

我相信该书的出版将为内隐学习规律的应用和隐性知识的管理提供有价值的参考，也希望借此机会就教于各路方家。

是为序。

石文典
上海师范大学心理学系教授博导
上海师范大学心理学科负责人
2022 年夏

目 录

绪　论

海量的信息每时每刻都充斥着人们的生活，而能够使用最少的心理资源获取最多的信息资源，几乎是每个人的渴求。有意识认知犹如冰山浮出水面的一角，潜藏在水面下的无意识认知才是心理活动的主宰，那么仅从有意识的角度看待人类的认知、思维和学习活动就有很大的局限性和片面性。如果能够从无意识的角度揭示认知的本质和规律，则会对人类学习潜力的开发和认知理论的完善作出巨大贡献。本书则是基于内隐学习的独特优势，对“一心专用”“一心二用”甚或“一心多用”背后的心理机制进行解读。该成果对突破人类有意识学习的制约，为人类的学习活动创造新的奇迹提供了新的理论基石。

一、研究背景

弗洛伊德提出的“无意识”理论是其对心理学的最伟大贡献，引发了研究者对人类认知的无限思考。既然无意识认知是心理活动的主宰，那么仅从有意识的角度探讨人类的认知、思维和学习活动就有一定的局限性和片面性。因为人类的认知活动不只是有意识的行为过程，更是有意识和无意识统一的过程。如果能够揭示这种无意识认知的本质和规律，则会对人类学习潜力的开发和认知理论的完善作出贡献。“内隐学习”这一概念就是在这样的背景下提出的。1967 年，美国心理学家 Reber 发表了《人工语法的内隐学习》一文，开创了通过实验手段研究无意识学习这一新的领域。内隐学习概念的提出是认知心理学发展过程中里程碑式的跨越，是对受认知资源限制的人类有意识学习的突破，而且对学校教育实践以及社会文化的广泛渗透具有重要启示。

尽管内隐学习有如此重大的意义，但在很长时期内并未引起其他研究者的关注。进入 20 世纪 90 年代后，随着知识经济的发展，海量的信息每时每刻都充斥着人们的生活，而能够使用最少的心理资源获取最多的信息资源，几乎是每个人的渴求。因此，对获得知识和信息的活动——学习，尤其是对节省心理资源的内隐学习的探讨就显得尤为迫切和重要。于是，内隐学习以其特有的高效性、抗干扰性、无意识的抽象概括性以及自动加工过程的心理资源节约性吸引了一大批研究者，他们试图利用外显学习所不具备的这些独特优势，突破人类有意识学习的制约，为人类的学习活动创造新的奇迹寻找契机。自此，自动化的无意识加工开始成为认知心理学领域的热点研究问题。

然而，内隐学习的研究及其发展还很不成熟。听觉和视觉内隐学习有何不同，即内隐学习是否具有通道效应？通道效应背后隐藏的心理机制和神经机制是什么？内隐学习的发生是否需要选择性注意？诸如此类问题都还存在很多争议，有待研究者们进一步研究和探讨。本研究在前人研究的基础上着重探讨单、双通道内隐学习的表征机制以及选择性注意对内隐学习的影响等问题。

二、研究意义

隐性知识广泛存在于人类的学习和生活中，人类发展中的许多适应性行为都是通过所谓的内隐学习或经验而获得的，如语言的获得、行为习惯的形成以及技能、知识的获得等。隐性知识是指存在于员工个体和团队内部中隐含的、高度个体化、难以形式化的主观知识，同时还包括通过沟通与共享等方式从外部获取的隐性知识。隐性知识通常以个人经验、印象、感悟、团队的默契、技术诀窍等形式存在，难以用文字、语言、数据、图像等形式加以表达。隐性知识是内隐学习的结果，因此内隐学习这一概念反映的是学习的过程。

从组织行为学的角度看，个人或团队作为一个隐性知识的集合体，其竞争优势和市场地位主要取决于其拥有的隐性知识存量以及使用隐性知识的能力。隐性知识具有显性知识所不具备的隐含性和难以模仿性，已经成为个人或团队的核心资源和最为重要的竞争力。而要想有效地识别、捕捉（获取）、转化、共享、应用隐性知识，首先必须深入研究隐性知识的心理特征及大脑的生理机制，而以往的大多数研究要么停留在宏观的理论推演和理论模型建构上，要么仅仅集中于隐性知识获得过程的脑功能区定位研究上，忽视了隐性知识加工过程的心理机制和神经机制的时间进程的研究，缺乏对隐性知识微观加工过程的实证研究。一般来说，隐性知识心理特征的分析是深入了解和把握隐性知识本身及其管理的前提，而隐性知识加工过程的大脑神经机制研究则是揭开其神秘面纱的关键。因此，对隐性知识的心理特征和大脑神经机制进行研究具有非常重要的科学价值和现实意义。

从教师和学校教育的角度看，教师隐性知识的管理已成为信息时代教育领域迫切需要研究的课题。教师的工作是以智力为依托，以知识为加工对象，无论教师个人还是团队都是典型的知识密集、技术密集的实体，是隐性知识集中的典型。一方面，教师隐性知识的状况对教学活动和教学质量具有重要的影响，专家型教师与新手教师的一个主要区别就是隐性知识的多少及其结构性质。因此，管理好教师的知识，就为管理好教学活动提供了技术保障。而对内隐学习发生规律在教学过程中的应用，则有助于教师有效进行教学，使得学生在乐中学，在学中乐，同时学生亦可利用内隐学习规律进行高效率的学习。学校还可以利用内隐学习规律创设内隐性学习环境，全面设置教育情境，使学生在潜移默化的过程中领悟校园文化和提升思想道德水平。

对内隐学习通道效应的研究不仅能够明晰隐性知识的发生机制，厘清隐性知识的表征方式是具体表征还是抽象表征，阐明内隐学习具有领域通用性还是领域特异性，从而为更好地揭示隐性知识的发生过程及特点，以及更好地进行隐性知识管理提供理论基础。而对内隐学习注意效应的研究则明晰了选择性注意如何影响内隐学习的发生，帮助我们理解内隐学习过程中认知资源的占用与节省背后的理论机制。

第一章

什么是内隐学习

世界上的万事万物既纷繁复杂，又有章可循，这里的章即指规律性。人类具有从万事万物中抽取一般规律或者概括一般属性的能力。内隐学习（implicit learning）是个体自动地、无意识地获得环境中的复杂知识、模式或结构的过程。内隐学习是人类语言、社会认知、社交直觉、运动技能和适应性行为发生和发展的基础。对于内隐学习来说，外显学习则是对潜在规则的有意识探寻和把规则有目的地应用于环境刺激的学习。外显学习是对刺激主动的加工过程，一般有明确目的，并且需要耗费认知资源和付出一定的意志努力。在特定情况下，内隐学习效果要远远好于外显学习，这就是所谓的内隐学习效应。

一、内隐学习的实质

我们日常生活中的许多事件并非完全随机或随意发生，而是具有一定的结构和规律性。由于环境中普遍存在结构化模式，因此处理和表征这些模式的能力至关重要，在变化的环境中感知相关的环境规律对于任何适应良好的生物体来说都是一项重要的功能。人类具有从万事万物中抽取规律或者概括一般属性的能力，正是这种能力让我们能够应对千变万化的世界，并预测一些事件的发生，也是基于此，我们才可以形成新的习惯和记忆大量信息。例如，语音元素（如单词和音素）不是随机出现的，而是根据某些规律出现的，这些规律可以用统计或概率关系来描述。也就是说，语言一旦被学会，听起来就不像是难以理解的胡言乱语；语音和词语在言语中的出现方式是有规律的。音乐是结构化听觉刺激领域的另一个例子：音乐元素具有特定的时间和节奏规律，成人和婴儿都能检测到这种规律。结构也存在于我们的视觉环境中，例如，印刷品中的字母和单词，以及视觉场景中物体及其特征的排列方式中都包含结构。此外，触觉也有助于环境规律的检测，视力受损者使用的触觉通信设备，如盲文，可以有效地拾取时空刺激的有意义模式。

这种对结构化模式的学习——可能是所有高级生物关键的基础能力，也可能是许多低级生物关键的基础能力——已经在不同术语的伪装下进行了研究，包括“内隐学习”“顺序学习”“序列学习”和“统计学习”等。应用最广泛的术语可能就是内隐学习。内隐学习的概念是由美国心理学家 Reber 提出的。他认为，人们学习复杂任务时能够按照本质不同的两种学习模式来进行。一种是人们所熟悉的外显学习模式，凡是有意识的、需要作出努力的、采取一定策略来完成的活动都属于外显学习（explicit learning），这种学习过程的特点在于它是受意识支配和需要按照规则作出反应的外显加工；另一种就是内隐的学习模式，用 Reber 早期著作中的话说，内隐学习就是“无意识地获得刺激环境中的复杂知识的过程”。在内隐学习过程中，个体并没有意识到或者陈述出控制他们行为的规则是什么，但却学会了这种规则。例如，人们能够辨别哪些发音是合乎语法规则的，但未必都能说出这些语法规则是什么。人类的一些行为技能包括很多具有复杂结构的抽象概念的获得都是在这种无意识的过程中发生的。当学习任务高度复杂时，无意识的加工方式对获得刺激的结构规则更有效，也就是内隐的学习更有效。Reber 将内隐学习界定为学习和提取两个阶段都是无意识加工的过程，尽管 Reber 提出了无意识加工的两个阶段，但在大部分实际研究中，意识性的测定都只限于知识提取阶段。此外，在实际操作中研究者也常常根据自己的研究内容和研究结果来扩大、缩小或重新界定内隐学习的概念。关于内隐学习的概念，研究者们基于不同的研究视角和数据来源，提出了以下几种不同的观点：有的认为内隐学习只具有基于学习阶段的“内隐”特征，内隐学习是无目的地（unintentional）、自动化地（automatic）获得事件或客体间的结构关系的过程（Frensch, 1998）。内隐学习是不同于外显学习的另一种学习模式，它是自动化的、无意识的（unconscious）且能更有效地获取变量间的非显著的共变关系（Mathews et al., 1989）。与之对立的是，另外一些研究者认为，对内隐学习的定义应该更偏重知识提取阶段意识控制力的缺失，如内隐学习是一种无需使用假设检验策略的偶发过程，个体成绩的提高不依赖于有意识知识的获得（Seger, 1998）。另一些研究者试图兼顾学习和提取两个阶段，并结合意识的不同表现形式，对内隐学习给出具有较高解释力的概念界定。研究者提出，学习和提取阶段各有内隐和外显两种形式，外显的学习和外显的提取属于规则学习行为，内隐的学习和外显的提取是条件化行为，而外显的学习和内隐的提取意味着自动化学习（Cleeremans & Jiménez, 1998）。只有当学习和提取阶段都是内隐时，发生的才是内隐学习。在此基础上，有研究者提出更为细致的划分，他们认为学习和提取阶段各有三种形式：有目的的（intentional）、附带的（incidental）和自动化的（automatic）。其中“有目的”等同于Cleeremans等提出的外显形式；“附带的”是指加工过程未被意识，但有助于并行的外显任务；“自动化的”指加工过程未被意识监控，且与并行的外显任务无关甚至是有害的（Poznanski & Tzelgov, 2010）。

可见，研究者们各持己见，并没有公认的意见，主要在以下几个方面存在分歧：“内隐”是指学习过程，还是指学习和提取两个过程；“内隐”是与“无意识”（unconscious）/“无觉察”（unaware）同义，还是与“无目的”（nonintentional）/“自动化”（automatie）同义。那么，到底如何界定内隐学习呢（Frensch, 1998）？获得较多支持和较具代表性的观点如下：内隐学习（implicit learning）是人类一般化的学习能力，是在结构性环境中不断实践的结果（李开云、付秋芳、傅小兰，2012），指个体自动地、无意识地获得环境中的复杂知识、模式或结构的过程（Daltrozzo & Conway, 2014），是提取和整合不同刺激属性及不同经验之间的关系的过程（Klinger & Dawson, 2001; Klinger & Pohlig, 2007）。内隐学习是人类语言、社会认知、社交直觉、运动技能和适应性行为发生和发展的基础。这一定义表明了内隐学习的本质是对环境信息的无目的自动化的加工，在学习过程中并没有意识到刺激中的潜在规则，个体学习规则知识的过程是无意识的，难以用言语表述学到的知识。大多数研究也都是在这一界定的基础上进行。

从内隐学习与外显学习的关系来看，内隐学习与外显学习的分野渐趋模糊，尤其是基于表征重述的发展理论（Karmiloff-Smith，1991）以及渐进意识（graded consciousness）的提出和实证（Norman, 2010），在传统研究上两种对立的学习形式开始共存在一个心理图景之上。在该图景中，内隐学习的概念界定不再是静态的“内隐”形式和孤立的“学习”阶段，在撤除人为设置的意识与无意识的藩篱后，内隐学习和外显学习将可能随着知识表征和意识程度的变化而呈现继承发展的整体性面貌。在这个研究图景中，“学习”的核心问题可以表述为对学习过程中涉及的知识表征形式和其意识程度的动态发展性内容。只有在共存而非对峙的视域下，相关研究才真正有可能体现发展性的特质。从知识的表征形式和意识程度两个维度来系统探讨心理机制，是对“学习”进行科学研究的必由之路。

二、内隐学习的特征

内隐学习是一系列人类认知和行为发生和发展的基础。内隐学习具有怎样的表现特征？正如内隐学习的实质，众多学者都对内隐学习的特征进行过研究讨论，但是由于个人的出发点、层次和所采用范式的差异，到目前为止，仍没有统一的结论。

Reber 于 1993 年提出了内隐认知系统的五个假设特征：

（1）强有力性，外显学习和外显记忆受心理异常和脑损伤的干扰，而内隐学习和内隐记忆则不受其影响；

（2）年龄独立性，与外显学习不同，内隐学习没有年龄和发展水平效应；

（3）低变异性，内隐认知能力具有较小的个体间差异；

（4）独立性，与外显过程不同，内隐任务对语法串和非语法串的区别辨认能力与标准心理测量工具测得的智商没有一致性；

（5）加工的共同性，内隐学习深层的加工过程具有物种间的共同性。

此后，研究者通过对内隐学习范式和测量技术的改进，并不断地借鉴认知科学相关领域的成果，从最初的现象学的区分逐渐深入到本质特征的探讨。有研究者从理论和实证两方面对内隐学习进行了反思（D. Berry & Dienes, 1993; Lee, 2016），认为其特征包括（杨治良、叶阁蔚，1993）：

（1）迁移特异性；

（2）与复杂学习条件有关；

（3）学习结果上与直觉相像；

（4）强有力性。

国内学者根据研究结果总结出内隐学习的如下特征：

（1）能够无意识地自动发生。

（2）可以对刺激信息进行抽象概括。

（3）不受智商及脑损伤的影响。

（4）知识的储存密度高等。

总之，研究者对内隐学习特征的认知既有差异所在，亦有共识之处。

三、内隐学习的研究范式

自 Reber 于 1967 年创立人工语法范式以来，大量的研究者围绕内隐学习开展了深入系统的研究，而且为了满足各自研究目的的需求，研究者们在 Reber 人工语法范式的基础上改进和提出了一些新的实验范式。时至今日，在内隐学习研究领域，经典的研究范式主要包括人工语法学习（artificial grammar learning）、序列学习任务（sequence learning task）、复杂系统控制（control of complex system）、概率分类学习（probabilistic category learning）、统计学习（statistical learning）等。

（一）人工语法学习

Reber 不仅首次提出了内隐学习的概念，而且首次设计和使用了人工语法，规定了序列呈现方式的人工语法异常抽象、复杂，又极具隐蔽性，在短暂的时间内既难以发现又难以掌握。因此，人工语法学习成为适合内隐学习研究的经典范式。这也是内隐学习的第一个研究范式。

Reber 于 1967 年在实验中向被试呈现相同的字母串，对实验组的要求是让被试有意识地寻找刺激的内在规律并记忆字母串，告诉对照组记忆字母串；在测验阶段，被试的任务是对新字母串是否符合设定的语法规则进行判断。结果显示，实验组的测验成绩不如控制组。而在记忆指导语下的对照组的这种无意识学习就是 Reber 提出的内隐学习。这是人工语法学习范式最早的形式。

学习材料所暗含的语法规则、对被试的指导语和程序是构成人工语法范式必不可少的三个要素。人工语法范式从诞生到现在，在经过数位研究者的使用和改良后，学习材料和语法规则以及指导语，甚或是实验程序方面，到目前均已发展得较为完善。

1. 学习材料及语法规则

人工语法学习中的材料选择以及规定材料呈现方式的语法规则至关重要。内隐学习实验设计的目的在于检测被试是否能够无意识地、内隐地习得复杂的规则知识，因此实验材料的选用必须新颖、有难度，且与被试已有的知识表征没有联系，从而保证被试对学习材料结构规则的获得并不是因为利用了有意识的、外显的学习策略。在此种情况下，如果被试在测验中的成绩高于那些没有经历学习阶段的被试或高于概率水平，就说明他内隐地习得了这些规则。作为学习材料组成部分的人工语法是与自然语法无关的一种顺序规则，它指定了字母、图形或声音等认知材料的呈现顺序，因为是人工语法，所以被试均不具备这方面的认知经验和积累，也就是说，对于所有被试来说这是新知识。此外，人工语法的构成非常复杂，并且规则具有很高的隐含性使其不易被发现，所以被试不可能在短时间内有意识地学会它。

目前人工语法主要包括限定状态人工语法（definite-state artificial grammar）和双条件人工语法（bi-conditional artificial grammar）两类。

（1）限定状态人工语法。

Reber于1967年最早采用了限定状态语法作为内隐学习材料，所以限定状态语法也被称为Reber语法。这一语法规则内在地规定了各个字母的呈现顺序，包含P、T、V、S、X五个字母，根据一定的规则构成长度为3~8个字母的字母串（如图1-1）。后来根据研究的需要，研究者们在应用中对元素的设定、路线和始末的安排均有所调整（Reber, Kassin, Lewis & Cantor, 1980）。

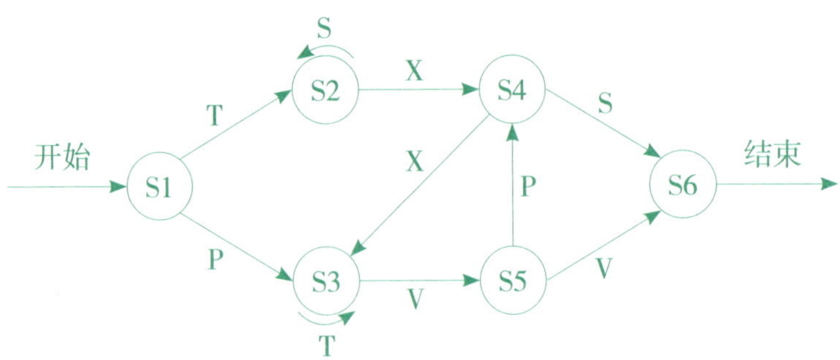

图1-1　限定状态语法图解（Reber, 1967）

（2）双条件人工语法。

双条件人工语法中通常包含六个基础字母，字母串的长度为八个字母，字母在字母串中可以重复出现。字母串的八个字母中间有一个分隔点，分隔点左右两边分别有四个字母。这种语法的双条件规则指的是，分隔点两侧的相对应位置必须是成对的字母，也就是将六个基础字母分成三对，成对的两个字母必须同时出现在相对应的位置。例如，C、P、S、T、V、X 为六个基础字母，假如将其分成三对：X 与 T 成对，P 与 C 成对，S 与 V 成对，那么在分隔点的两侧，X 与 T 必须在对应位置，P 与 C 必须在对应位置，S 与 V 必须在对应位置。例如 XTCV. TXPS 就是符合双条件语法规则的字母串；而非法字母串虽然也包含这六个基础字母和一个分隔点，但是分隔点两侧的字母并没有对应呈现。例如 XTCV. TXSS 中，分隔点前面的 C 字母，与分隔点后面对应位置的 S 字母，不是成对的字母，却出现在对应的位置，这就是一个非法字母串。由于双条件人工语法不像限定状态人工语法那样以固定的字母开头和结尾，可以由任何字母开头和结尾，所以两种语法相比较而言，合乎双条件人工语法的字母串，相似性程度更低，语法规则更明显，任务难度也低一些。

双条件语法仅仅在规则形式上与限定状态语法不同，在实验程序和实验逻辑等方面则完全一致。

2. 指导语

指导语是主试对被试在实验中要完成的任务以及怎样完成任务的语言陈述。指导语一定要清晰易懂、表达准确。在内隐学习实验中，指导语除了具备上述功能之外，还需要具有实验性分离的功能。因为在人工语法学习任务中，需要通过指导语将内隐与外显学习进行分离，且内隐学习实验中的指导语要求更为清晰准确。因为内隐学习实验的指导语不仅告诉被试需要完成什么任务，而且通过告知被试具体如何完成任务来引导被试进行不同方式的学习，从而将内隐学习与外显学习相分离。内隐学习的指导语仅仅告知被试记忆字母串，并不提及字母串具有一定的结构规则，这样被试对字母串的操作任务会仅限于记忆这一层面，而并不会进行更多的分析和思考；而外显学习的指导语则告诉被试，字母串由一定的规则构成，引导被试进行有意识的思考分析，在这个过程中，被试会假想出一个又一个可能的规则，从而忽视对字母串的学习，从而实现内隐与外显学习过程的实验性分离。

3. 程序

内隐学习有其特定的程序模式。在学习阶段，通过指导被试对序列进行记忆来引发被试的内隐学习，通过告诉被试序列由一定规则构成以引发被试有意识探寻规则的外显学习；在测验阶段，呈现一系列新的字母串，要求被试判断新的字母串是否与学习阶段的字母串具有相同的规则。如果接受内隐学习指导语的被试在测验阶段的得分高于概率水平，则认为被试在一定程度上内隐地习得了语法规则（Johnstone & Shanks, 1999; Samara & Caravolas, 2016）。

（二）序列学习任务

在人工语法范式中，通常将根据语法图生成的字符串一次性呈现给被试，因此很难考察在时间上具有先后顺序的序列规则的学习。为了解决这一问题，序列学习范式应运而生。在这一范式中，研究者向被试呈现具有先后顺序规则的刺激，以考察被试能否内隐地习得这类序列规则。这一范式包括很多变式，最典型的变式主要有三种：序列反应时任务（serial reaction time task）、矩阵扫描任务（matrix scanning task）和序列预测任务（sequence prediction task）。

序列反应时任务由 Nissen 和 Bullemer 于 1987 年首次提出。在该任务中，被试需要通过按相应的按键对刺激项目的序列进行反应，而被试所不清楚的是，刺激项目的某一个维度（比如刺激项目的位置、颜色或者形状等）符合一个特定的序列规则。通过比较被试对固定刺激序列和随机刺激序列的反应时，判断被试是否习得了序列规则。如果被试习得了序列规则，那么他们对序列规则的反应时要快于对随机序列的反应时。例如，在 Nissen 和 Bullemer（1987）的实验中，在屏幕的四个位置上呈现小灯，且每次只有一个位置上的小灯会亮，被试的任务是在看到灯亮后，既快速又准确地按下该位置所对应的按键。结果发现被试对规则序列的反应速度越来越快，而当变为随机序列时，反应速度又迅速降低；当再次将刺激呈现的序列变为先前的固定序列时，被试的反应速度又恢复到之前的水平，结果表明被试习得了序列规则。此外，为了考察被试习得知识的意识性状态，研究者还在序列反应时任务结束之后进行外显测试。在外显测试中，研究通常会给被试呈现不同长度的刺激序列，让被试针对每一个序列，预测下一个刺激出现的位置。结果发现被试对固定序列的位置无法做出准确的预测，表明被试习得的序列规则知识是内隐的。

然而，在经典的序列反应时任务中，被试需对不同的刺激按对应的键，被试按键的动作顺序由此也符合刺激呈现的序列规则。于是产生了新的问题，在该任务中，被试反应时下降是由于被试习得了刺激的知觉序列信息还是习得了动作信息？经典的序列反应时任务因很难将知觉序列与动作序列分离开而无法解答这一问题。为此，研究者提出了一种可将知觉与动作信息分离的新型序列反应时任务。在该任务中，屏幕的中间位置呈现一个目标色块，并在目标色块的周围呈现六个其他颜色的色块，其中有一个色块的颜色与目标色块相同。被试的任务是判断周围一个色块的颜色与目标色块颜色是否相同，并按相应的按键。在考察知觉序列学习的条件中，目标色块的颜色符合一个特定的序列规则，而与目标色块颜色相同的刺激色块出现的位置是随机的，因此被试的按键的反应序列也是随机的，从而较好地避免了动作信息的干扰；而在考察动作序列学习的条件中，研究者将目标色块的颜色随机呈现，而被试的按键符合某一特定的序列，从而较好地排除了知觉序列的影响。结果发现，在排除了相互影响的情况下，被试均可内隐地习得知觉序列和动作序列，且对动作序列的学习效应优于对知觉序列（Rose, Haider, Salari & Büchel, 2011）。鉴于该类型的变式较好地区分了知觉序列学习与动作序列学习，在后续的研究中得到了广泛的应用（Tzvi Münte & Krämer, 2014）。

矩阵扫描任务由 Lewicki 等人于 1988 年提出。在该任务中，目标刺激通过屏幕呈现，屏幕被等分为四个区域，目标刺激会落在其中一个区域中，被试的任务即是通过按键判断目标刺激落在了哪个区域。每次试验包括七个小的试次，且在前六个试次中，屏幕上只显示目标刺激，而在第七个试次，除了目标刺激之外还有 35 个干扰刺激同时呈现。该任务中的序列规则是第一、三、四和六个试次中目标刺激出现的位置决定了第七个试次中目标刺激出现的位置。因第一、三、四和六个试次的组合较多，且第二和第五个试次跟序列规则无关，因此相对于序列反应时任务，矩阵扫描任务的序列规则更加复杂。如果被试习得了这一规则，那么被试的反应时会下降、正确率上升，且在改变了之前的规则关系后，被试的反应时会立即上升，准确率下降。Lewicki 等人的结果证实了该假设，且口语报告显示被试并没有外显地发现规则，表明被试内隐地习得了这些规则（Lewicki, Czyzewska & Hill, 2014; Lewicki, Hill & Bizot, 1988）。

序列预测任务由 Kushner 等人于 1991 年首次提出。在该任务中，先给被试顺序呈现五个刺激，随后要求被试预测第六个刺激出现的位置；而被试所不清楚的是，第六个刺激出现的位置是由第二和四个刺激的位置共同决定的。该任务通常包含三个阶段：第一个阶段，被试对符合上述规则的一系列刺激进行预测；第二阶段，改变第一阶段的序列规则，使第六个刺激的位置出现在按照原规则推算的下一个位置；第三阶段，第六个刺激出现的位置不符合上述规则，随机出现，并让被试继续预测。结果发现，在第一个阶段，被试的预测正确率显著高于随机水平；在第二阶段初始阶段，被试的正确率回到随机水平，后来随着练习增多，最终显著高于随机水平；在第三阶段，被试的预测正确率始终处于随机水平，且实验后外显测验发现被试没有外显地掌握规则，表明被试内隐地习得了该规则。

（三）复杂系统控制范式

为了更具生态效度地探讨现实生活中复杂问题解决过程中的内隐学习，Broadbent（1977）首次提出了复杂系统控制范式（control of complex system）。在这类范式中，通常由计算机模拟一个复杂系统，并要求被试改变输入值来控制或得到某一输出值。Broadbent 最早在实验中模拟了一个城市交通运输管理系统，要求被试通过改变车辆间的发车间隔时间和停车费来控制每辆车上的乘车人数和剩余的停车位数。该交通运输系统基于两种规则：一是每辆车的乘车人数随着发车间隔时间的增加和停车费的增多均呈线性增长，剩余的停车位数随着发车间隔时间的增加和停车费的增多也均呈线性增长。在实验的开始阶段，先向被试呈现四个变量的初始值，随后要求被试通过改变车辆间的发车间隔时间和停车费使得乘车人数和剩余的停车位数维持在某一个目标值上。在整个实验过程中，以被试尝试错误的次数作为其操作水平的指标，结果发现虽然被试操作水平逐步提升，但外显的测试却发现被试并没有外显地掌握控制系统的相关规则，表明被试内隐地习得了控制复杂系统的知识（Jeon, 2014）。另外两种具有代表性的复杂系统控制任务是糖生产任务（sugar-production task）与人际交互任务（person-interaction task）（Berry & Broadbent, 1984）。

在前一个任务中被试需要通过操纵工人的数量来控制糖的产量，而在后一个任务中则要求被试通过选择不同的形容词使虚拟人对其达到并保持非常友好的关系。在上述两个任务中，系统的某次输出值不仅与本次输入值有关还会受到上次输出值的影响，相对于交通控制任务，其规则更为复杂。两个任务的结果与交通系统控制任务类似，均发现被试控制复杂系统的能力逐渐增强，但却无法回答出相关控制规则的知识。

（四）概率分类学习任务

一个标准的内隐学习任务是概率分类学习任务（Knowlton et al., 1994）。这项任务涉及学习刺激和结果组合之间的关联，通常也被认为是在不需要陈述性记忆系统参与的情况下进行的。这个任务中的刺激由一组卡片组成。每张卡片都包含一个独特的几何图案，并以固定的概率与两种可能结果（太阳或雨水）中的一种相关联。在每次试验中，被试最多会收到四张卡片，并被要求预测天气结果。实际的天气结果可能由单独的卡片决定，因此每张卡片都是天气的部分准确预测。在每次试验中，学习者都会收到反馈，并在预测天气方面变得越来越准确。即使学习者对他们用来改善判断的信息知之甚少，这种改善也可能发生。

（五）统计学习范式

统计学习（statistical learning）是指个体在外部环境的连续刺激流中逐渐发现刺激统计规律的过程，个体在统计学习上的差异体现在其对频率、概率等统计结构信息的敏感性，统计学习对语言等认知活动有重要的影响（徐贵平、范若琳、金花，2020）。SL 作为生物体了解环境规律的手段，涉及广泛的基本和高级认知功能，例如视觉、听觉、运动规划、事件处理、阅读、言语感知、语言习得、语义记忆和社会认知等。因此，SL 被视为几乎所有当前信息处理理论的必要组成部分，其在整个认知和脑科学理论发展中的重要性无论怎样估计都不为过（Saffran & Kirkham, 2018）。统计学习最早是在 Saffran, Asllin 和 Newport（1996）关于八个月大婴儿听觉语音切分的经典研究中提出，研究者给婴儿呈现两分钟的连续语音流，语音流由四个三音节的无意义单词 bidaku, padoti, golabu 和 tupiro 组成，结果发现婴儿能在连续语音流刺激中感知到不同音节间的转移概率（transitional probability, 以下简称 TP）差异从而表现出词汇切分能力。这表明婴儿对连续语音流中音节的 TP 敏感（Saffran, Aslin& Newport, 1996）。这篇文章在语言习得领域引发了激烈的理论争论，被视为“基于经验的学习机制可以潜在地解释语言学习”的证据。

关于一个元素如何预测后续元素的信息，最著名的条件信息度量 TP：假设某个事件 X 已经发生，则某个事件 Y 将发生的概率被测量为：事件 XY 发生的次数除以 X 的总频率。例如，如果 XY 发生 60 次，X 发生 100 次，X 到 Y 的 TP 为 0.6。因此，TP 包含了共现的原始频率，但通常是比单纯共现更好的结构指标。同一单词内两个音节间的 TP 肯定高于单词间两个音节的 TP，若个体能感知到不同音节间 TP 的差异，那么个体就能进行词汇切分和词汇识别（Aslin, Saffran & Newport, 1998；Saffran et al.,

1996）。个体对 TP 的敏感性具有一定的神经电生理基础，研究发现失匹配负波（mismatch negativity, MMN）的波幅能有效地反映听觉刺激序列中 TP 的差异（Fitzgerald & Todd, 2018; Koelsch, Busch, Jentschke & Rohrmeier, 2016）。徐桂平等（2020）以视觉统计学习任务为例，介绍了经典统计学习范式，该范式包括刺激熟悉过程和学习结果测试两个阶段，刺激材料为 24 个抽象黑色图形（如图 1–2 所示），共形成 8 个三联体（triplet）。刺激熟悉过程：给受试者呈现 10 分钟视觉图形流，每次呈现 1 个图形 200ms，间隔 200ms。8 个三联体的顺序为随机，同一个三联体不连续出现，三联体内三个图形呈现的先后顺序固定，每个三联体重复 75 次。要求受试者注意屏幕中央依次出现的视觉图形，但指导语中不会告知受试者三联体的存在。学习结果测试，受试者需完成 32 个试次的二选一的迫选再认测试（two–alternative–forced–choice, 2AFC）。每个试次中会给受试者先后呈现2个三联体，其中，一个三联体是在熟悉阶段重复出现的目标刺激（TP＝1），而另一个三联体则是由 24 个图形中的三个图形组成但从未在熟悉阶段出现过的干扰刺激（TP＝0）。测试任务是要求受试者判断其对先后呈现的 2 个三联体中哪一个更熟悉。受试者成功从干扰项中再认出熟悉阶段见过的三联体，即说明其在熟悉阶段对图形之间的 TP 进行了统计学习，再认正确率即为视觉统计学习分数，是衡量个体视觉统计学习能力的重要行为指标。Batterink 和 Paller 提出统计学习至少包含了与知觉和记忆加工相关的两个子成分，一是知觉组合，二是记忆存储和提取，以语言的听觉

图 1-2 视觉统计学习刺激材料（R. Frost, Siegelman, Narkiss & Afek, 2013）

统计学习为例，知觉组合主要是将反复同时出现的相邻单个刺激（如：音节“tu”和“be”）组合成一个复合体（如：双音节单词“tube”），也就是词汇切分的过程，而记忆存储则是将这些复合体保存下来以备结果测试阶段提取用（Batterink & Paller, 2017, 2019）。

传统观点认为统计学习过程中主要有两个外在特征：一是学习者在学习过程中没有接受外部指导，在刺激熟悉阶段学习者不会被告知要学习的内容；二是学习者对学习到的统计知识没有外显意识，从再认测试结果可以推测其是否掌握了刺激的统计规律，但是学习者即使掌握了统计规律也不能将其外显报告出来。统计学习和内隐学习的内容都涉及序列及概率等统计结构信息，由此，不少研究者也直接将统计学习称为内隐统计学习（Goujon, Didierjean & Thorpe，2015；Perkovic，Sonja，Orquin，Jacob &

Lund，2018；Purdy et al.，2015）。起初，研究者以“个体不能外显报告刺激的统计规律”这个单一的外部行为指标来判断“统计学习者没有外显意识”，后来的研究者这种“全或无”式的指标可能过于简单和严格，会导致低估学习者的外显知识。以再认测试后学习者对测试阶段的选择的主观自信程度这个外部行为指标作为统计学习外显知识的评价指标之一，结果发现个体对迫选测试阶段的选择的主观自信程度和其统计学习的再认成绩是密切相关的（J. Bertels, Franco & Destrebecqz, 2012）。也就是说，即使个体不能报告具体的统计规律也并不代表个体对统计学习没有外显知识。最近有研究者提出统计学习和内隐学习虽有重叠但实际上各自侧重学习的不同方面，前者更关注学习内容，如刺激所蕴含的频率和概率分布等统计结构信息，而后者则更关注学习特点，包括知识表征形式到底是抽象规则还是样例，以及学习者对于知识的外显意识程度等（Inbal, 2019）。要厘清统计学习和内隐及外显学习之间的相对关系还需结合统计学习过程的认知神经方面的研究证据。但统计学习至少在一定程度上属于内隐学习。

尽管研究者在人工语法范式的启发下又开发出序列学习、复杂任务的控制、概率学习、矩阵扫描、信号检测和信息传递等研究范式，并在这些范式的基础上开展了广泛的研究，但人工语法范式奠定了内隐学习研究的基础，正是在这一基础之上，有关内隐学习的各种研究才得以长足的发展。这一范式是迄今为止探测内隐学习本质特点、运行机制等丰富内涵的最佳范式之一。由此，本书采用该研究范式展开一系列研究。

第二章

内隐学习表征机制之争

有研究者发现，内隐学习不仅广泛存在于各个领域，而且学习效果不依赖于信息输入的具体模式。例如，在信息规则相同的情况下，无论构成规则的元素是音调还是音节，无论是图形还是颜色，内隐学习效果一样好。研究者就此认为内隐学习是抽象表征。然而，又有研究者则发现信息输入模式会影响内隐学习效果。例如，通过视觉学习，信息元素同时呈现比顺序呈现时内隐学习效果更好。此外，相对于测验和学习阶段使用不同的刺激形式，当测验和学习阶段使用相同的刺激形式时，内隐学习效果会更好。研究者就此认为，内隐学习是具体表征，即内隐学习的发生依赖于信息输入的具体模式。

一、内隐学习的抽象表征

许多动物物种似乎对环境中的统计信息很敏感。例如，老鼠对控制食物在 T 形迷宫中放置的概率信息高度敏感。在多次试验中，大鼠根据食物放置的概率模式（70% 左右）分配其左右选择。大鼠对变量之间发生的偶然事件也很敏感，这在经典条件反射实验中得到了证实。因此，根据来自老鼠的证据，非人类动物似乎擅长检测环境中的统计关系。

近 20 年来，研究人员才使用与人类成人和婴儿使用的相当的任务对非人类的统计学习进行了研究。在 Hauser 等人（2001）的研究中，棉顶罗望子（Saguinus oedipus）首先接触 20 分钟的连续语音流，这些语音流由四个不同的三音节无义词（例如 tupiro、golabu、bidaku、padoti）以随机顺序连接在一起。单词之间的界限没有任何声学或韵律线索。之后，将棉顶罗望子暴露于不同的测试声音序列中，并评估它们在播放声音时是否朝向声音。一些测试序列是包含在语音流中的单词，一些是包含音节顺序的非单词，这些音节顺序在语音流中没有出现过，而另一些是部分单词，它们包含跨越单词边界的音节序列。棉顶罗望子更倾向于非单词而不是单词，这表明它们根据音节顺序区分了测试序列。棉顶罗望子更倾向于部分词而不是词，这表明它们对音节组合的频率很敏感。这些与人类婴儿的结果一致，表明棉顶罗望子——可能还有其他灵长类物种——能够编码语言类听觉序列中存在的一些统计规律。然而，值得注意的是，当棉顶罗望子听了 20 分钟的语音流后表现出的这种内隐统计学习能力，人类婴儿仅在听了 2 分钟后就能表现出来。

另外两项研究进一步阐明了灵长类动物的统计学习能力。Newport、Hauser、Spaepen 和 Aslin（2004）表明，罗望子猴可以学习非相邻元素之间的统计规律。这是一个有趣的演示，因为人类语言由规则组成，这些规则不仅发生在相邻的语言元素之间，而且也发生在被中间材料隔开的元素之间。第二项研究表明，罗望子猴可以将它们所学的模式概括为一个新词汇（Hauser, Weiss & Marcus, 2002）。有人认为，提取这些类型的模式对于语言习得是必要的（Marcus, Vijayan, Rao & Vishton, 1999）。

总之，这些研究似乎支持统计学习不局限于人类认知的概念。非人灵长类动物和可能的其他非人动物似乎与人类有许多相同的统计学习能力。然而，也可能存在物种特异性差异。例如，Newport 等人（2004）发现成人和罗望子猴学习到的非相邻依赖类型存在差异。

研究者通过使用人工语法学习（AGL）范式对人类的内隐学习能力进行了研究（Reber, 1967）。在一个标准的 AGL 实验中，人工语法被用来产生符合某些规则的刺激，这些规则控制元素在序列中的出现顺序。在偶然和无监督学习条件下暴露于结构化序列子集后，参与者的任务是根据新刺激是否符合语法规则对其进行分类。参与者通常会取得中等程度的成功，尽管他们无法口头表达规则的性质，这导致了学习是“隐性”的假设。此外，由于任务可能要求学习者提取刺激的概率结构，例如检测事件之间的元素共现或协变，因此学习可以被视为基于统计模式的计算和编码。

Reber 认为被试在人工语法学习中获得的知识是刺激材料中包含的抽象语法规则，是关于刺激结构关系的知识。这些复杂信息是以概括的、抽象的知识出现的，其中不包含刺激的具体特征信息。许多实验都支持这种看法（Mathews et al., 1989；郭秀艳、杨治良，2002）。例如，Mathews 等人（1989）的研究中采用人工语法学习的研究范式，在四周的实验期间，每周都更换一个新的字母集，但其中的人工语法规则保持不变。结果发现，被试的学习成绩在整个实验过程中没有发生显著变化。语法规则不仅能从一组字母集迁移到另一组字母集（within-domain transfer），而且还能从视觉（字母）的刺激形式迁移到听觉的刺激形式（如声音信号）（cross-domain transfer）。有研究者认为重复结构是人工语法学习中迁移的基础（Gomez, Gerken & Schvaneveldt, 2000），甚至在迁移条件下，被试只能依靠重复结构知识，而这个重复结构就是一个抽象类比的过程，这是一种抽象的、深层的知识（Lotz & Kinder, 2006）。由于迁移现象的存在，Reber 等认为内隐学习所获得的是有关人工语法的抽象知识，与材料的感知特征无关，甚至认为抽象知识的获得是不同刺激形式之间发生知识迁移的唯一解释。内隐学习不仅存在于人工语言学习、自然语言学习、非语言刺激的学习的听觉刺激，也存在于视觉刺激的学习。

1. 人工语言学习

一项有关成人从一系列连续的语言类似物（speech analogs）中切分词汇能力的早期研究发现，当词汇界限的唯一线索是音素的分布时，成人能够成功地切分词汇，这表明人对语言中包含的统计信息敏感（L. C. Erickson & Thiessen, 2015；J. R. Hayes & Clark, 1970），但该研究并未指明导致这一结果的作用机制。有研究者就此推测，可能是语言中音素包含的转移概率为词汇的切分提供了线索（Saffran, Aslin & Newport, 1996）。于是 Saffran 等人在 Hayes 和 Clark 的基础上重新设计实验，被试包括成人、一年级的小学生和八个月大的婴儿三个年龄组。学习阶段给被试呈现一系列的人工语言，其中包含的词汇是根据音素与音素之间不同的转移概率来区分的，词内具有高的转移概率（high TP），跨词具有低的转移概率（low TP）。测验结果发现，三个年龄组的被试均能够区分高 TP 的音节序列和低 TP 的音节序列，能够对词汇（words）和残词（part-words）进行区分。因此，婴幼儿和成人均对包含在语音流中的 TP 信息敏感，内隐学习对 TP 敏感可能是语言获得的机制。但这个实验的不足在于，在实验的学习阶段高 TP 的词汇发生的频率要高于低 TP 的残词，所以被试到底是根据频率进行词汇的区分还是根据 TP 进行词汇的区分，仍然无法搞清楚。

为解决这个问题，Aslin 等人对 Saffran 等人的实验进行了调整，使词汇和残词以相同的频率出现，这样被试只能够根据概率信息区分两种类型的序列。结果发现，婴儿依然可以在不依赖频率信息的情况下追踪到条件概率（conditional probability）信息。该研究结果表明，潜在的内隐学习能力支持了人类早期的语言获得（Aslin, Saffran & Newport, 1998；L. Erickson, Kaschak, Thiessen & Berry, 2016）。如果内隐学习能力是早期语言获得的机制，那么婴儿到底在多大的时候开始具备这种内隐学习能力的？研究者给睡眠中的新生儿呈现由三音节词构成的连续的人工语言（artificial language）流，其中的词汇界限的唯一线索就是三个音节的条件关系（conditional relations）或者同现频率（frequencies of co-occurrence），他们分别测量了新生儿在听到第一、二、三音节时的事件相关电位（ERP）负波。结果发现，一、三音节的 ERP 负波差异显著，这表明新生儿的大脑对词汇的边界信息敏感。这项研究还表明，新生儿从一出生就具备了内隐学习的能力，或许在出生前就拥有了内隐学习的能力（Teinonen, Fellman, Näätänen, Alku & Huotilainen, 2009）。

既然内隐学习是婴儿早期语言获得的基本机制，那么随着孩子成长和语言学习越来越复杂，相应的内隐学习能力应该也会随之提升（Johnson & Tyler, 2010）。由于 Teinonen 等人（2009）的研究采用的人工语言要么全部由两音节词汇构成，要么全部由三音节词汇构成，而自然语言却是由包含不同数量音节的词汇构成，所以为了更好地模仿自然语言的学习并考查这一问题，Johnson 和 Tyler 在实验中给婴儿（5.5 个月和 8 个月）呈现的人工语言，既有两音节词汇，也有三音节词汇，考察婴儿对复杂人工语言进行词汇切分的内隐学习能力。结果发现，无论是 5.5 个月的婴儿还是8个月的婴儿均不能从这一人工语言中进行词汇切分。这表明，自然语言的某些特征，比如词汇的长度不同，增加了词汇切分的难度（Teinonen et al., 2009）。

那么，自然语言是否具有有助于词汇切分的一些特点呢？有研究发现，当语言的韵律是婴儿导向（infant-directed），而不是成人导向（adult-directed）时，7个月大的婴儿也可以对包含有不同长度词汇的人工语言进行词汇切分。因此，其他语言线索（比如夸张的韵律）可能也有助于内隐学习（Thiessen, Hill & Saffran, 2005）。

事实上，没有一个研究者认为条件概率是唯一的词汇切分线索，或许是因为对条件概率的内隐学习提升了对其他线索的敏感性，从而有助于语言的获得。例如，英语词汇中的重读音节是词汇的重要界限线索，因为很多单词的第一个音节为重读音节（Thiessen & Saffran, 2003），或许是基于统计信息的词汇切分机制使婴儿对词汇的重读线索更加敏感，从而使他们能够发现母语中词汇的主要重读方式。

2. 自然语言学习

上述研究主要集中于人工语言，近来的一些研究考察了自然语言背景下的内隐学习（Pelucchi, Hay & Saffran, 2009）。Pelucchi等人（2009）给出生8个月的母语为英语的婴儿呈现他们不熟悉的自然语言——意大利语，并且是流畅的婴儿导向（infant-directed）的自然语言，持续呈现大约2min。经过短暂的学习之后发现，婴儿能够区分高TP和低TP的双音节词汇。由于高低 TP 的词汇出现的频率相同，所以婴儿是使用条件概率这一统计信息来进行词汇切分的。

婴儿或者学习者获得的统计信息是如何表征的呢？Saffran（2001）在解决这个问题上迈出了重要的一步。Saffran 曾提出这样的问题：婴儿内隐学习的结果到底是以词汇的形式表征还是以声音的形式表征的？为解决这个问题，他给 8 个月大的婴儿呈现两种语言材料，一种材料由词汇和残词构成简单的英语句（e.g.,“I like my tubido”），另一种材料由无意义音节和残词构成与简单英语句相对应的无意义句子结构（e.g., “zy fike ny tubido”），然后比较婴儿听两种语言材料的时间。如果婴儿内隐学习的结果仅是声音序列，那么英语句和匹配的无意义句子结构两种条件下婴儿听的时间应该大致相同；如果内隐学习的结果是潜在的英语词汇（candidate English words），那么学习者听两种材料的时间应该不同。测验结果发现，相对于匹配的无意义句子结构，婴儿在英语句背景下，听词汇的时间要长于残词。这表明，对进行词汇切分的内隐学习机制的确产生了可能词单元（word-like unit）（Saffran, 2001）。进一步的问题是，这些单元是否可以用来支持语言学习的其他方面？例如，将词赋予词义将会产生怎样的结果。

建立读音和词汇意义之间的联系是语言学习的重要方面，这在婴幼儿的语言学习中尤为重要。研究者给 17 个月大的婴儿呈现由两音节无意义词汇（nonsense words）构成的语言流，音节之间的条件关系是词汇界限的唯一线索，这是词汇切分任务的学习阶段。接下来是物体—标签的链接学习任务，即听双音节声音序列（标签）的同时观看呈现在计算机屏幕上的 3D 物体。一组婴儿听到的标签是来自切分任务的词汇，一组婴儿听到的标签是来自切分任务的非词（non-words）或残词。对婴儿进行两种类型的测验：物体—标签的链接与学习阶段相同，比如学习和测验阶段均是看物体 1 的时候听到物体 1 的标签；物体—标签的链接与学习阶段不同，比如学习阶段看物体 1 的时候听到物体 1 的标签，测验阶段看物体 1 的时候听到的是物体 2 的标签。假如婴儿看变化了的链接的时间更长，则表明婴儿对物体—标签链接的变化敏感，也表明婴儿习得了物体—标签的链接。实验结果发现，只有来自切分任务中的词汇作为标签时，婴儿对物体—标签链接的变化才敏感，而当标签是来自切分任务中的非词或残词时，婴儿对相同和不同的链接均没有表现出注视时间的不同。实验结果支持了婴儿可以通过内隐学习对声音序列进行词汇切分的论断，同时表明听觉内隐学习的结果是语言表征（Estes, Evans, Alibali & Saffran, 2007）。

近年来的研究还发现，无论是婴幼儿还是成人，内隐学习能力和自然语言加工之间存在着密切的关系（Conway, Bauernschmidt, Huang & Pisoni, 2010；Misyak & Christiansen, 2012）。当控制了工作记忆、学习动机、阅读经验、词汇量、流体智力、短期记忆等变量时，内隐学习任务的成绩依然是自然语言理解的一个重要指标（Estes et al., 2007；Misyak & Christiansen, 2012）。这表明内隐学习与语言学习相关，不仅是因为统计信息以语言的形式来表征，而且很可能内隐学习和语言学习的过程是重叠的（Smith & Yu, 2008）。

3. 非语言刺激的学习

既然从听觉输入的信息中提取的条件概率信息是以语言的形式进行表征的（Estes et al., 2007；Saffran, 2001），且听觉内隐学习和语言学习相联系（Conway et al., 2010；Misyak & Christiansen, 2012），那么是否内隐学习具有语言特异性（language-specific）？非语言的刺激是否也能够实现内隐学习？研究者（Saffran, Johnson, Aslin & Newport, 1999）采用早期内隐学习研究中的实验逻辑及范式，但把语音材料改用非语言的声音（例如，音调），以此考察学习者是否能够习得非语言刺激流中声音之间的统计关系。研究发现，无论是音节刺激还是音调刺激，婴幼儿和成人均能够将统计切分任务中的词汇与残词相区别，而且对语言材料与对非语言材料的内隐学习结果没有显著差异，这表明非语言的音调刺激同样可以实现内隐学习。因此，研究者认为内隐学习可能不具有语言特异性，这一观点也得到ERP研究的支持。比较学习者在听非语言声音流与语言声音流（语音流）时的脑电活动，发现学习者对两种材料的学习表现出相似的N100和N400波形，这两个效应可能与统计规则提取相关（Abla, Katahira & Okanoya, 2008；Cunillera, Toro, Sebastián-Gallés & Rodríguez-Fornells, 2006）。

既然内隐学习在不同性质的刺激下均可以发生，那么当刺激呈现在不同感觉通道时，内隐学习是否也会发生呢？于是，引发了研究者对听觉通道之外的视觉通道的内隐学习的探索。

人类认识外部世界时 80% 的信息是通过视觉提供的，视觉内隐学习是获得语言、感知觉和认知过程中的重要能力（Altmann, 2002）。许多不同的认知领域均有内隐学习，例如语言获得（Conway, Karpicke & Pisoni, 2007）、视觉加工（Fiser & Aslin, 2001；Olson & Chun, 2002）以及运动技能获得（Cleeremans & McClelland, 1991）等过程中都存在视觉内隐学习。由于在各个领域中内隐学习都广泛存在，以及在不同的信息输入模式下内隐学习都会发生，研究者就此预测存在这样一种机制：在信息规则相同的情况下，各种刺激输入方式（例如，音调 tones、图形 shapes、音节 syllables）都不影响内隐学习效果（Kirkham, Slemmer & Johnson, 2002）。

然而，Conway 和 Christiansen（2005）则发现内隐学习具有模式特异性（modality-specificity），即不同的信息呈现模式有着不同的内隐学习。在同一感觉通道下（视觉），刺激的不同呈现方式导致了不同的内隐学习效果，相比于刺激顺序呈现时，刺激同时呈现时内隐学习效果更好。Baker 等人（2004）在探讨空间知觉对视觉内隐学习的影响时也发现，刺激以组块的形式出现时内隐学习效果更好，且有研究也发现了相似的结果（Pacton & Perruchet, 2008）。进一步的研究还发现，刺激的不同呈现速度影响视觉的内隐学习，慢速呈现时的内隐学习好于快速呈现时。迁移惰性（transfer decrement）的发现也挑战了抽象表征观（Conway & Christiansen, 2009）。很多实验均发现，测验和学习阶段使用相同的刺激形式，相对于测验和学习阶段使用不同的刺激形式，被试语法判断的成绩会更好。迁移惰性的存在似乎表明，内隐学习包含着对刺激材料表面物理特征的编码。内隐学习的知识表征具有刺激特异性（modality-specific），而不是完全抽象的（Ram Frost, Armstrong, Siegelman & Christiansen, 2015）。

二、内隐学习的具体表征

我们被无数纷繁复杂的信息包围着，不可能等同地学到所有的统计规则，而且研究表明，内隐学习机制更容易追踪到那些在自然环境中发生最频繁的刺激类型（Conway & Christiansen, 2009；Emberson, Conway & Christiansen, 2011；Newport & Aslin, 2004）。内隐学习到底在多大程度上具有共同性？或者内隐学习的特异性（specificity）又是如何体现的？

1. 通道特异性

简单来讲，自然环境中的听觉和视觉信息的组织结构是不同的。例如，听觉信息是按时间编码的，而视觉信息则是按空间位置来排列的。况且，每个感觉通道似乎侧重加工环境信息的一个方面。比如，短暂的一瞥足够让我们认识一个复杂的视觉环境，而要辨别一个声音则需要花几秒钟的时间。来自感知觉和记忆的相关研究都支持了这一直观感觉：在视觉认知中，空间信息更重要；而在听觉认知中，时间信息更重要（Conway & Christiansen, 2009）。这种通道差异性使得研究者们开始思考，是不是内隐学习也遵循着听觉适于时间信息的加工，而视觉通道适于空间信息的加工这一原则？

有研究者对内隐学习的通道特异性进行了考查。Conway 和 Christiansen（2009）考查了当刺激呈现方式不同但包含的统计规则相同时，听觉和视觉内隐学习是否有差异。学习阶段，刺激的呈现方式有三种：听觉时间序列包含不同频率的音调刺激，这些刺激按序呈现，通过耳机一次呈现一个；视觉序列包含不同的颜色块刺激，视觉时间序列按序呈现颜色块，在计算机屏幕中央一次呈现一个；视觉空间序列则是在电脑屏幕从左到右同时呈现颜色块，这三种不同的呈现方式均包含同一种统计规则。测验阶段，给被试呈现新的序列，让被试对相同（序列的构成规则和学习阶段相同）和不同（序列的构成规则和学习阶段不同）的序列进行区分。结果发现，学习者能够以近乎相同的准确性，对视觉空间序列和听觉时间序列进行统计规则的提取，而被试对视觉时间序列进行统计规则提取的准确程度则显著低于听觉。这表明，成人的内隐学习有一定的特异性，听觉偏好于对时间序列的规则提取，而视觉偏好于对空间结构的信息提取。

采用限定状态语法生成的材料作为学习任务，给被试在视听双通道同时呈现序列刺激，通过测量复杂语法的获得而不仅仅是刺激与刺激间的简单联系以探讨是否存在双通道的内隐学习效应，并检验双通道的内隐学习彼此是互相影响的还是相互独立的。结果发现，视听双通道同时呈现的语法规则无论相同还是不同，双通道的内隐学习成绩与单通道的内隐学习成绩均没有显著差异，双通道的内隐学习具有和单通道近乎一样的学习效应。被试能够同时跟踪呈现在视听两个通道且不论规则是否相同的两套序列，这表明学习者具有多重感官的内隐学习能力；而多重感官的内隐学习可以同时且独立发生，也许表明多重学习子系统的存在（石文典、李秀君、王维、严文华，2013）。这一研究将前人单感觉通道内考察被试是否能够同时跟踪图形和颜色或无意义音节和音频的研究工作，拓展到了双感觉通道之间进行比较，实现了视听双通道同步内隐学习，研究结果为内隐学习的感觉通道特异性知识表征观提供了新的证据。然而，石文典等人对双通道内隐学习效应的作用机制的研究，仅是从理论上做了推导，缺乏神经生理学和神经影像学的证据。

成功的阅读需要发展一系列技能，这些技能既能提高准确性又能提高流利性，而不掌握这些技能则会导致阅读困难。成功的阅读在这里被视为技能习得的一个典型例子，与其他技能的习得和发展类似，这是由我们从环境中提取模式和规律的能力支持的。一项研究采用人工语法学习（AGL）范式，对年轻（M=8.47岁）典型读者（N=31岁）在三种不同模式（即视觉、听觉和触觉）下的内隐学习表现进行了研究。通过重复测量和相关设计，获得的数据揭示了通道约束:（1）在视觉和触觉任务中观察到了高于概率的学习成绩，但在听觉任务中没有观察到;（2）不同通道之间的内隐学习成绩没有显著相关性;（3）视觉和听觉任务的半分信度相当高，而触觉任务的半分信度接近于零。在评估内隐学习能力和语言技能之间的关系时，他们观察到视觉内隐学习成绩和语音意识之间存在正相关。

2. 速度特异性

在 Conway 和 Christiansen（2009）的实验中，刺激的呈现速度从 4 个刺激 /s 增加到 8 个刺激 /s 时，听觉内隐学习没有显著变化。根据相近性原则，空间距离很近的视觉刺激会被知觉为一个单元（Kubovy, Holcombe & Wagemans, 1998），时间上距离相近的听觉刺激也容易被知觉为一个单元（Handel, Weaver & Lawson, 1983）。反之，当物体的空间距离增大到一定程度时，视觉系统则不会将它们认知为同一个单元（Palmer & Rock, 1994）。同理，当听觉刺激呈现的时间距离变大时，听觉系统也不会将他们认知为同一个单元。例如，当声音间隔超过 1.8s 时，就不会被认为是同一个声音流（Mates, Müller, Radil & Pöppel, 1994）。Conway 和 Christiansen（2009）对刺激的速度设置——从 4 个刺激 /s 增加到 8 个刺激 /s 可能同处于一个声音流，即可能是由于速度变化过小导致了内隐内隐学习差异不显著。Emberson 等（2011）在实验中进一步增大慢速和快速的差异，结果发现，视觉和听觉的刺激呈现速度对内隐学习起着调节作用，刺激呈现通道和呈现速度存在交互作用。在快速条件下（SOA 为 375ms），被试能够习得听觉序列的统计规则，未能习得视觉序列的统计规则；在慢速条件下（SOA 为 750ms），则发生相反的情况，被试能够习得视觉序列的统计规则，但未能习得听觉序列的统计规则。这也许表明，内隐学习的发生受很多因素的制约，比如信息呈现方式符合自然环境中信息的存在方式，相对快速的时间序列对听觉内隐学习很重要，而静止的空间信息或相对慢速的时间序列对视觉内隐学习很重要。

3. 规则特异性

Emberson 等人（2011）的研究结果体现了信息类型对内隐学习的一种限制，而这种限制又反映了内隐学习赖以发生的自然环境结构特征。有些研究者认为，这种限制不仅反映而且解释了诸如语言结构方面的自然环境特征（Christiansen & Chater, 2008）。

Newport 和 Aslin（2004）让被试探测包含在自然语言中非相邻元素的统计规则。结果发现，当交替呈现的元素的类别相同时，被试不能跟踪不相邻元素的统计规则，即使刺激形式很简单，学习的时间一再提高（重复学习的时间达到 10 天），被试还是不能习得非相邻元素之间的统计信息。相反，如果交替呈现的元素是不同类别，比如元音和辅音交替，被试则可以习得不相邻元素的统计规则。这些发现表明，人类对某些类型的信息是有加工偏好的，比如更容易追踪到自然存在的信息类型所具有的统计规则，同时这种偏好也反映了自然语言普遍存在的模式。换句话说，内隐学习是受一些因素影响和限制的，这也启示研究者考虑更多的影响因素，比如学习者的认知水平、注意状态以及被试所处的发展阶段等都有可能影响内隐学习。

4. 学习者的特异性

学习者具有认知偏差和认知限制，这对于理解内隐学习领域共同性的程度非常必要。学习者的知觉偏差（perceptual bias）对于理解视觉内隐学习的限制尤其重要，这些偏差影响着学习者从视觉场景中提取到何种类型的统计信息（Fiser, Scholl & Aslin, 2007）。观察一个物体沿对角线运动，经过一个遮光板后，看到两个物体同时从遮光板后面出现，一个物体继续沿着原来的方向运动，另一个物体的运动轨迹与第一个物体的运动轨迹成 90 度角。在不考虑物体速度的情况下，该现象可以解释为：物体经过遮光板后继续沿着原来的方向运动；物体在遮光板后面撞到了一个平面，反弹后向着另一个方向运动。为了探查已经获知的运动是否会导致内隐学习偏差，Fiser 等人（2007）操纵物体的加速度，使被试倾向于选择其中的一种认知。物体匀速运动会产生按原来方向继续运动的知觉，而减速—加速则会产生物体撞击平面的知觉。如果视觉内隐学习机制对同时出现的两个图形进行了内隐学习，那么学习者应该能够等同地习得两个运动。然而，结果却发现，被试倾向于习得与知觉偏差一致的图形运动链接。这表明，序列内隐学习是受时空知觉偏差限制的，这种限制降低了视觉内隐学习计算的烦冗复杂性。

知觉相似性—格式塔原则也影响着统计信息的提取。格式塔理论的相近性原则和时间相邻性原则对听觉内隐学习具有影响。实验中给成人被试交替呈现两个信息流，每个信息流均由三元素组块构成：被试首先听到第一个信息流的第一个组块的第一个元素，然后是第二个信息流的第一个组块的第一个元素，接下来是第一个信息流的第一个组块的第二个元素，再后面是第二个信息流的第一个组块的第二个元素，诸如此类循环往复，这样被试只能通过不相邻的条件关系探测到三元素组块。结果发现，成人被试没有习得声音的三元素组块。然而，当两个信息流中的元素为不同的音高或音质时，即使这些元素在时间上是不相邻的，学习者依然表现出了对相似元素的敏感性。该实验的结果表明，格式塔的相似性原则和时间的相邻性原则共同影响着内隐学习（Creel, Newport & Aslin, 2004）。

尽管大量研究显示出婴儿和成人在内隐学习方面的相似性，但对于内隐学习能力具有发展的变化性还是发展的稳定性，研究者观点并不一致（Janacsek, Fiser & Nemeth, 2012）。有研究者认为成熟被试的内隐学习能力好于婴幼儿（Maybery, Taylor & O'Brien-Malone, 1995），刚出生的婴儿只能学到简单的统计规则（Bulf, Johnson & Valenza, 2011）。例如，新生儿只能学到包含四个元素的序列中的统计信息，当序列包含六个元素时则不能提取其中的统计规则；而 2 个月、5 个月、8 个月大的婴儿相对于新生儿，在序列变得相对复杂时也能对结构序列和随机序列进行区分（Kirkham et al., 2002）。还有一些研究则发现，年龄小的个体比年龄大的个体有更好的内隐学习能力（Janacsek et al., 2012; Jost, Conway, Purdy & Hendricks, 2011）。Jost 等人（2011）在视觉内隐学习任务中，通过 ERP 来探测儿童和成人内隐学习的时间进程的差异，结果发现，儿童表现出比成人更早的与学习相关的事件相关电位成分，这表明儿童探测到统计结构需要的时间更短。

为了解释内隐学习能力的这种发展性差异，研究者对领域共同性以及成熟对认知和记忆的影响展开了一系列的研究。Bulf 等人（2011）认为新生儿有限的注意力和工作记忆能力限制了他们的内隐学习能力，提升婴儿的早期认知和工作记忆能力或许可以提升他们的内隐学习能力（Bulf et al., 2011）。不过，Bulf 等人的这一观点还不能被独立地证明，因为婴儿早期发展的很多方面都影响着内隐学习。也有研究者认为，由成熟引起的对认知记忆的限制恰恰是某些内隐学习的优势。例如，Newport（1990）提出“Less is more”的假设，认为儿童感知和存储复杂刺激的能力要比成人低下，但这同时是儿童在刺激的成分分析任务中的优势所在，因为有限加工可以使儿童对刺激更好地进行识别和加工。相对于儿童，成人则更倾向于感知和存储更为复杂的刺激间的关系（Kersten & Earles, 2001）。

此外，注意资源的分配也在内隐学习中发挥重要作用。尽管一些研究者认为内隐学习是自动化的过程（Saffran, Newport, Aslin, Tunick & Barrueco, 1997），但也有研究者认为内隐学习既是自动化又是非自动化的过程（Turk-Browne, Jungé & Scholl, 2005），因为被注意的信息流比未被注意的信息流的内隐学习效果要好。例如，当一种颜色的图形序列与另一种颜色的图形序列交替呈现时，要求被试仅注意其中一个颜色的序列，结果只有被注意的颜色序列的规则被习得。事实上，注意对内隐学习的限制很普遍，不论刺激以何种方式呈现，学习者对统计规则的探测几乎都会受到注意的限制。

内隐学习除了受到认知资源的影响之外，还受到经验和环境交互作用的影响。语言经验会极大地影响成人对物体和词汇之间链接的预期（Thiessen, 2010）。Thiessen（2010）给成人被试呈现语言流刺激，其中的词汇经过统计限定，同时让被试看图形序列，图形和经过统计限定的词汇同步出现，实验发现被试不仅能够对语言流进行词汇切分，而且能够成功地识别图形和词汇的链接，同时词汇与物体的链接有助于词汇切分；但当刺激不是语言时，非语言声音与物体的链接则对词汇的切分没有帮助。Thiessen 认为，语言经历会使得成人对词汇与物体的链接有一个预期，从而对语言输入中的这些链接更敏感。据此可以推断，即使当刺激是语言的情况下，婴儿也不会得益于词汇与物体的链接，因为婴儿没有语言经历，实验结果验证了这一推断。

Thiessen（2010）的实验结果展现了先前经验和由此产生的预期对内隐学习的促进作用。然而，Gebhart 等人则发现，先前经验和由此产生的预期阻碍学习者对统计信息的获取。实验中给被试呈现三音节无意义词的听觉序列，无意义词的音节之间进行了 TP 的统计限定，在呈现过程的中途，音节之间的统计关系发生了变化，结果被试仅仅习得变化前即第一个结构关系。当统计结构发生变化后的序列持续呈现的 trial 为变化前的三倍时，被试则能够习得变化前和变化后的两种统计结构；统计结构在中途变化的时候如果有外显的标记，即使结构变化后的序列呈现的 trial 不增加，被试也能习得这两种结构。该实验结果表明，对一个统计规则的习得抑制了对另一个统计规则的学习，即先前经验对内隐学习存在影响（Gebhart, Aslin & Newport, 2009）。

此外，还有组块理论以及组块和规则的双加工理论。组块理论在实质上是属于特异性表征的范围，组块和规则的双加工理论在一定程度上也属于特异性表征的范围。

三、组块理论

有研究者（Dulany, Carlson & Dewey, 1984）认为被试习得的知识只是所呈现字符串的某些部分，或称“组块”，分类判断成绩的好坏源于对组块知识的熟知程度。Dulany 等人的实验在学习阶段给被试呈现一系列符合语法规则的字母串，测验阶段被试的任务是对新的字母串进行合法性的判断。每次判定一个字符串合乎语法或不合乎语法时，被试都需要具体说明根据字符串的什么特征做出了判定。假如被试注意到学习阶段的字符串总是以特定的字母开头或结尾，测验阶段被试就会根据开头或结尾的字母特征来区分字母串是否符合语法。于是 Dulany 等（1894）得出内隐学习刺激特异性的结论，因为被试在人工语法学习中获得的是具体的表面特征而非其结构规则。Perruchet 等（1990）在对组块知识进行更为深入的研究时发现，当被试判断一个新的字符串是否合法时，如果字符串中含有学习过的组块，那么就更有可能把它视为一个合法字符串。组块理论随后也在其他研究中被证实（Altmann, 2017; Dienes, Broadbent & Berry, 1991; Gomez & Schvaneveldt, 1994）。Perruchet 等（1997）提出的“主观单元形成说”也与组块理论有异曲同工之处，认为进行人工语法学习的被试不是对生成字母串的语法规则进行编码，而是自动地将字母串分解成小的具有独立性的组块并对其进行编码，即被试根据字母串中是否含有熟悉的组块对其进行合法性的判断。

组块理论无法解释内隐学习中的迁移现象，因为组块是特定的字母，而内隐学习可以在不同的字母间迁移，甚或能在不同的刺激模式下进行迁移，比如图片到声音。

四、规则和组块的双加工机制

当规则说与组块理论争执不休的时候，有研究者（Knowlton & Squire, 1994）开始提出规则和组块的双加工机制说。在人工语法学习中，组块和抽象规则同时影响分类判断的成绩。这一观点在后续的研究中（Jamieson, Nevzorova, Lee & Mewhort, 2016）被进一步证实，被试在判别任务中的测验成绩不是由单一的学习机制所决定，而是序列中包含的组块和其构成规则一起发挥了作用，并且规则和组块是不同的加工机制。Chang 等（2004）在对组块和规则效应的实验性分离过程中发现，学习阶段变换字符串的知觉特征（字体和字号），结果影响了被试对组块知识的学习，却没有影响被试对规则的学习。Forkstam 等要求被试进行持续 8 天的学习，结果发现，被试对规则的知觉随着学习的增加而显著提高，而对组块的知觉敏感性却保持稳定。这表明在人工语法学习任务中，规则学习与组块学习是彼此独立的两个机制（Forkstam, Hagoort, Fernández, Ingvar& Petersson, 2006; Jamieson, Nevzorova, Lee & Mewhort, 2016）。Kürten 等（2010）研究人工语法学习是否具有年龄效应时发现，随着年龄增加被试对组块的习得有下降的趋势，而年龄的变化并不影响被试对规则的习得。规则和组块的分离不仅具有行为层面推理的合理性，且脑成像研究亦发现，右尾状核的激活与规则学习相关，而内颞叶的激活则与组块学习相关（Lieberman, Chang, Chiao, Bookheimer& Knowlton, 2004）。这为规则和组块学习机制的分离提供了生物学基础。

综上所述，内隐学习到底是抽象表征还是具体表征，抑或是抽象和具体特性的双重表征机制？目前还没有一个公认的结论。

第三章

内隐学习神经表征之疑

“了解脑”“保护脑”和“创造脑”是许多国家制定脑科学发展计划的目标和宗旨。其中“了解脑”不仅仅是了解大脑的解剖结构，更重要的是了解大脑的工作机制，特别是大脑产生高级认知活动（学习、思维、语言、记忆、情感等）的机制。神经影像学为“了解脑”提供了有力的技术手段。阐明内隐学习背后的神经贡献对于深入理解内隐学习机制至关重要。相比于行为指标，学习发生的神经证据可以提供一个更准确、更微妙的视角。神经测量不仅可以提供比单独的行为数据更敏感的处理指标，而且可以让我们解决更广泛的研究问题，获得那些无法仅仅通过行为指标反应的数据。

一、大脑的记忆系统

所有类型的学习，包括内隐学习，都可以通过大脑两个基本记忆系统的潜在贡献来理解。尽管记忆表现可能主要由一个记忆系统单独调节，但表现往往是两个系统之间相互作用的函数。陈述性记忆是指对事实和事件的回忆和再认，依赖于内侧颞叶（MTL）和各种皮质区域，尤其是前额叶和顶叶。MTL 由海马和相邻的嗅周、内嗅和海马旁皮质组成。陈述性记忆的特点是自愿的、明确的、基于注意的过程，如事实 / 事件的回忆和再认。非陈述性记忆也被称为程序性记忆，是那些不依赖于再认或回忆的加工过程，也不需要 MTL 系统的支持。非陈述性学习能力是异质的，包括技能、习惯、程序、启动（priming）和简单的记忆类型，如习惯化和敏化（sensitization），因此不依赖于单一的连贯性记忆系统。相反，非陈述性记忆反映了在学习过程中被激活的神经回路发生的变化的累积，如基底节、小脑和新皮质。例如，知觉重复启动指的是对重复刺激加工的便利化，它是由直接参与初始知觉的感觉皮层区域的变化驱动的。海马参与的缺乏，使得信息的灵活关系存储成为可能，这可以解释为什么知觉启动效应通常被发现具有高度的刺激特异性（Batterink, et al., 2019）。

Scoville 和 Milner（1957）对一名海马健忘症患者 H.M. 的观察，为陈述性记忆和非陈述性记忆两个独立记忆系统的存在提供了初步证据。在对癫痫病人进行双侧颞叶切除后，H.M. 对手术后的事件完全丧失了陈述性记忆，以及对手术前3年发生的事件产生了部分逆行性遗忘。尽管H.M.对新事件形成记忆的能力受到了严重的损害，但在其他记忆测试中，如镜像绘制，H.M.却表现出了学习能力。随后的研究证实了这些早期观察结果，证明健忘症患者可以在许多其他记忆任务上取得正常表现，如人工语法学习、原型学习、概率类别学习、知觉运动技能学习和知觉启动。这些类型的学习被统称为非陈述性记忆，对该类型的学习不需要海马体的参与，不需要有意识地对知识进行提取，但通过测验可以测得记忆存储。因此，陈述性记忆和非陈述性记忆可以在意识和是否依赖MTL系统的基础上分离，尽管意识和MTL依赖之间并没有完美的一一对应关系。

大脑的陈述性和非陈述性记忆系统之间经常存在交互或竞争。这一点在内隐学习研究中尤其明显，内隐学习研究传统上更加强调学习的神经基础。即使是在专门用于分离“内隐学习”的范式中，健康学习者也可能表现出既获得了陈述性记忆又获得了非陈述性记忆的行为证据。在学习过程中，陈述性和非陈述性记忆系统通常都是活跃的，并且可能相互竞争，因此，研究内隐记忆和外显记忆之间的相互作用，而不是每个系统如何独立运作，对于理解人类如何实际学习至关重要。

二、不同内隐学习范式下的神经影像学研究

1. 人工语法学习的神经影像学研究

神经影像学研究表明AGL涉及许多不同的区域，包括前额

叶皮质区（最常见的是左下额叶区，包括 BA44/45）、顶叶区和基底神经节，在解释这些广泛的激活模式时，不同的作者关注不同的神经区域。例如，左额下回或“布洛卡区”的激活被认为反映了该区域在语言处理、在线序列处理和序列学习中的作用。Skosnik 等人（2002）发现，在后顶叶区，语法判断与字母串识别判断存在明显的神经相关性，这项活动被解释为随着学习的进行，字母串变得更像单词形式。

健忘症患者和对照组的行为证据表明，AGL 任务中习得的可能是“组块”知识，这些知识在某些情况下可以是外显的（即学习和测试时呈现的字符串共享的二元图形和三元图形），也可能是抽象的语法规则知识。神经影像学证据支持显性和隐性知识来源的观点，此外还指出这些不同的知识来源由不同的神经基质支持，基于不同的神经基质的记忆系统之间会发生竞争性相互作用。例如，Lieberman 等人（2004）发现，与低强度组块的测试项目相比，具有更高强度的组块（higher chunk strength）项目引发了更大的海马激活。相比之下，与非语法字符串（控制组块强度）相比，语法字符串的处理与尾状核激活增加有关。此外，尾状核和海马激活呈强负相关（r=−0.87），表明基底节和内侧颞区之间存在竞争关系。Petersson 等人（2012）也报道了在语法项目分类过程中，包括海马体在内的 MTL 失活。同样，这种激活与块强度无关。这一发现与 Lieberman 及其同事报告的海马和尾状核激活之间的负相关一致，进一步支持了海马体介导的语块强度知识和尾状体介导的抽象语法规则知识在语法分类过程中相互竞争的观点。

虽然神经影像学研究通常发现 AGL 中尾状核被激活，但帕金森病或亨廷顿病导致基底节功能障碍的患者显示出完整的 AGL 表现。这些发现表明尾状核并不严格参与 AGL。一种可能性是，在健康参与者中基底节有助于 AGL，但基底节功能受损的患者可能依赖其完整的 MTL 记忆系统，以便在这项任务中实现正常学习。最终解决这个问题还需要进一步的研究。

2. 序列反应时任务的神经影像学研究

在神经影像学研究中，与没有学习过的序列相比，学习过的序列与纹状体以及与运动计划相关的皮质区域的激活有关。此外，序列学习的早期阶段也通常伴随着海马激活，而海马激活在学习过程中逐渐减少。学习成功与纹状体的激活以及 MTL 的失活呈正相关。

有两种观点来解释MTL参与序列学习的时间过程（Rieckmann et al., 2010）。一个观点是，MTL 支持快速获取复杂序列初始阶段中的高阶关联。这一观点得到了研究的支持，有研究表明，MTL 似乎特别适用于复杂版本的 SRTT，在复杂版本的 SRTT 中，参与者被迫依赖二阶关系。MTL 可能参与对可能结果的预测；随着学习的进展，刺激之间关联的可预测性提高，同时导致 MTL 激活的降低。另一个观点是，MTL 脱离与纹状体和 MTL 记忆系统之间的竞争或功能抑制有关，这与其他内隐学习任务的发现一致。根据这一观点，更多的专业知识与纹状体参与的增加以及对 MTL 系统依赖的减少有关。这一竞争观点得到了几项研究的支持，这些研究表明，当陈述性记忆功能或自上而下的加工被破坏时，SRTT 学习会增强。

Reber 及其同事开发了 SRTT 的改进版本，即序列中断序列学习（SISL）任务。与标准 SRTT 相比，SISL 任务可以更好地概括内隐学习，标准 SRTT 通常伴随着健康参与者外显知识的证据。尽管 SRTT 要求参与者对固定时间间隔出现的静止线索做出反应，但 SISL 任务需要以更快的速度做出反应，必须精确地与移动线索同步。SISL 任务更具挑战性，要求参与者持续执行任务，这可能会减少他们识别或记忆重复序列的资源。加快的反应速度使学习过程更可能是内隐的，这一观点得到了支持，因为研究发现在标准版本的 SRTT 中，缩短反应与下一个线索之间的间隔会选择性地损害外显序列学习。

研究表明，健康受试者即使对序列知识有较低意识水平的情况下，SISL 范式也能产生强大的内隐学习（Sanchez et al., 2010）。此外，为参与者提供关于重复序列的完整的显性知识也不会影响对序列的内隐学习，这与“显性知识通常不会有助于完成 SRTT”的观点是一致的（Sanchez & Reber, 2013）。有趣的是，虽然在 SISL 范式中序列学习表现与基底节活动的增加有关，但它并不调节海马活动。由于 MTL 激活通常在标准 SRTT 中观察到，这一发现表明，在孤立的内隐学习过程中，基底节和 MTL 系统之间可能不会发生竞争。这也增加了一种可能性，即标准 SRTT 期间的 MTL 激活可能反映了对序列知识的显性平行获取，而显性知识实际上并不有助于内隐学习。

3. 概率类别学习的神经影像学研究

神经影像学研究表明，在概率类别学习过程中，基底节被激活，尤其是纹状体被激活。此外，在前额、顶叶和枕颞等广泛区域的皮层网络中也观察到了活动。与其他内隐学习任务的研究结果类似，概率类别学习的神经成像研究也一致发现 MTL 激活与基线相比有所下降。这一发现再次表明这两个记忆系统之间存在竞争性的相互作用。

Poldrack 等人（2001）的研究与竞争观点尤其相关，他们使用功能磁共振成像比较了两种不同条件下概率类别学习期间的神经激活。在内隐记忆的版本（即任务的典型版本）中，受试者在 tria-by-trail 反馈的基础上发生了学习；相比之下，在一个改进版的外显记忆任务中，受试者根据类别标签学习，而不做分类决定。与标准任务版本相比，“外显”版本导致基底节激活减少，MTL 激活增加，这表明这两个记忆系统的参与程度受是否使用内隐或外显记忆策略的影响。此外，学习者的 MTL 活动与纹状体活动呈负相关。此外，随着时间的推移，MTL 和纹状体表现出相反的变化；MTL 最初是活跃的，纹状体是不活跃的，但随着学习的进展，纹状体很快变得活跃，而 MTL 则变得不活跃。这些发现表明，在学习的早期阶段，MTL 在学习中发挥作用，但随后基底节“接管”学习，导致 MTL 脱离。Foerde、Knowlton 和 Poldrack（2006）发现了类似的结果，他们比较了双任务和单任务条件下的概率类别学习。在这两种情况下，发现学习水平相当，但双任务的分心减少了 MTL 的参与，增加了纹状体的参与。

这些结果再次表明，在概率类别学习过程中，记忆系统之间存在竞争性的相互作用，其他内隐学习任务也证明了这一点。

4. 统计学习的神经影像学研究

一些神经影像学研究考查了统计学习的神经基础，对比了语音流中重复单词诱发的神经激活与随机音节诱发的激活。这些研究一致发现，统计规律在先前参与听觉和 / 或语言处理的区域，如左颞上回和左额下回（布洛卡区；BA 44/45），产生更高水平的增强的听觉网络激活，并延伸至前运动皮层（BA 6）。因此，语音分割背后的统计学习至少部分地得到了听觉皮层区域的支持。

在视觉领域，至少有一项神经成像研究揭示了与使用语音分割范式发现的结果类似的结果，视觉统计结构的处理与高级视觉网络中的激活增强有关（Turk– Browne et al., 2009）。参与者观看抽象形状的序列，这些形状要么被组织成重复的三联体，要么被随机排序。与随机组块相比，含有视觉规律的组块在类别特异性的视觉区域产生了更大的激活。

综上所述，这些结果表明，统计学习在很大程度上由通道特异的学习机制支持（Frost et al., 2015）。根据这一观点，局部计算是在不同皮层区域（例如视觉、听觉和体感）的独立神经网络中进行的，每一个皮层区域都在通道特异性的表征基础上运行，并由其自身的约束条件控制。例如，由于听觉信息随着时间的推移而展开，因此听觉皮层对时间信息表现出更大的敏感性。相比之下，视觉领域中各个项目之间的关系可以同时处理，因此，视觉皮层对空间信息的敏感性增强，但对时间信息的敏感性降低。这种统计学习模型得到了行为证据的支持，这些证据表明，不同类型的统计学习任务（例如音节与几何形状；Siegelman & Frost, 2015）中的个体之间缺乏相关性。这种通道特异性的观点也呼应了不同类型的内隐学习的存在，即内隐学习是经验直接塑造特定感觉皮层区域内的神经回路的结果（Reber, 2013）。

尽管在统计学习中似乎存在模态特异性机制的贡献，但一些神经区域可能在整个统计学习领域发挥作用。例如，左 IFG（即“布洛卡区”）与前面描述的结构化语音的统计学习有关，但它也可能有助于其他类型的统计学习。在视觉领域，发现左侧 IFG 的激活与对图形三联体的熟悉度相关。此外，在使用音调刺激的非语言听觉统计学习范式中，左下额叶皮质对结构化音调序列的激活增强，但对随机音调序列的激活不增强。尽管左边的 IFG 似乎包含特定于语言的子区域，但该区域内的其他子区域可能有助于领域一般性的处理，例如顺序信息的处理和集成。有趣的是，AGL 范式中人工语法规则的处理也与左侧 IFG 激活有关，这表明 AGL 和统计学习任务中结构的处理基于共同的神经基础。

神经影像学证据表明，一般记忆系统对统计学习有贡献，尤其是纹状体和 MTL 系统对统计学习有贡献，正如在不同类型的内隐学习任务中发现的那样。已观察到纹状体激活对听觉领域和视觉领域的统计学习都有影响。在后一项研究中，排除了在熟悉度测试中成绩高于概率水平的受试者的数据，研究者们专注于提取内隐统计学习的神经相关性。结果发现，甚至在没有表现出熟悉性的学习者中也被观察到尾状核激活（但没有海马激活），这表明该区域可能有助于内隐统计学习，以及有助于与外显知识分离。相反，当所有学习者都被纳入分析时，尾状核和海马激活都被观察到。Schapiro、Kustner 和 Turk Browne（2012）的一项研究也支持 MTL 参与统计学习。通过向参与者呈现由隐藏的物体对子（pairs of objects）组成的连续流，并应用模式相似性分析，研究者发现，与学习前相比，学习后对子内的物体表征变得熟悉度更高，这在海马和 MTL 皮层的激活反应可以看出。右海马对于预测即将到来的刺激可能特别重要，因为它对预测性的刺激比非预测性刺激表现出更强的激活。

在统计学习过程中观察到的 MTL 系统的激活提出了一个与内隐学习其他范式研究中相同的问题：MTL 在统计学习中发挥了必要的作用，还是该区域的活动仅仅代表了平行（显性）表征的获得，而这些表征对学习没有核心贡献？虽然有一些研究考察了健忘症患者在统计学习任务上的表现，但这个问题还不能得到结论性的回答。Schapiro, Gregory, Landau, McCloskey 和 Turk Browne（2014）发现，患有双侧海马完全缺失和更广泛的 MTL 损伤的 LSJ 患者在一系列视觉和听觉刺激中表现出广泛的统计学习缺陷（Schapiro et al.，2014）。然而，考虑到许多正常、健康的参与者在统计学习任务上也没有表现出高于正常水平的表现，很难明确地将患者 LSJ 的缺陷归因于神经生物学损伤。在这项研究的基础上，Covington、Brown-Schmidt 和 Duff（2018）研究了一个更大的 MTL 损伤患者群体，并报告说，与健康对照组相比，患者总体上表现出较少的学习能力。尽管如此，这些患者仍然表现出高于概率水平的学习，他们的表现在健康参与者表现的分布范围内。此外，病变程度不能可靠地预测统计学习能力。这些结果表明，海马可能有助于统计学习，但并不是统计学习的必要条件。因此，MTL 对统计学习是否必要的问题尚未得到最终解决，有待进一步研究。

三、语言学习中的 ERP 研究

人类的认知和行为依赖一种能够对即将发生的事情进行内隐预测的能力对人类的生存非常重要。因为这种预测能力可以使得大脑预先启动相应的感官和认知过程从而能够更为有效加工即将出现的事物，即当预测到即将要发生什么的时候，那些加工某一类别信息的相关脑区会提前被激活（Barr, 2007）。这种预先启动比简单被动地等待事件发生后再启动相关的神经或认知机制能使人更为有效地应对生存环境。

预测和期待对语言加工至关重要。对文字语言的眼动分析表明，对预测到的词眼睛注视的时间更短，或者浏览得更快，这样就能够更为快速和有效地进行阅读理解。声音语言同样，当能够有效地预测接下来要讲什么的时候，对语言的理解更为快速，且不需要花费太多的认知努力。眼动和 ERP 等实验表明，人类的语言系统不仅能够对正在发生的语言进行连续不断的释义，而且能够对即将要出现的语言内容进行预测（Van Berkum, 2008）。总之，这种预测能力能够使得加工过程更为有效，但如果预测与事实不符，就需要额外的认知资源去修复这一错误的预测（Kamide, 2008）。

大脑是如何进行预测的？有人认为，人类是通过不断提取反复出现的规则或模式建立起事物间的联系并构建出组块，预测则是根据这些已经在头脑中建立起来的事物之间的固有的稳定关系来进行的。这种学习广泛存在于各个认知过程中，从知觉模式、运动序列到语言结构和社会构建均发生着这种联结学习（Barr, 2007）。这种学习的发生往往不需要花费意志努力，学习者也没有清晰地意识到这种学习的发生（Ferguson & Bargh, 2004; Perruchet & Pacton, 2006）。通过这种内隐学习，大脑能够学习到环境中的一致性和趋势，并根据这种一致性和趋势来预测即将发生的事件。这种学习就是内隐序列学习。序列学习是一种能够对分离的元素进行编码和表征的能力（Conway & Christiansen, 2001; G. N. Smith, Conway, Bauernschmidt & Pisoni, 2015）。而语言习得的过程在某种意义上就是序列学习的过程，这种能力能够预测序列元素之间的关系，比如当这些元素依赖某种规则或某种统计关系时，序列学习能力能够预测某个元素后面的元素是什么（Christiansen, Conway & Onnis, 2012）。一些研究表明序列学习能力能够解释人类对音位和词语的分割并习得词语和句法的现象（Thompson & Newport, 2007）。

至于序列学习的结果，不同研究者有不同的观点，一种观点认为学到的是表面特征，另一种观点认为学到的是抽象规则。根据后一种观点诠释序列学习，即序列学习学到的是一种规则，根据这种规则人类可以预测即将要发生的事件（Christiansen et al., 2012）。预测能力和好坏显著影响自然语言的加工（Misyak, Christiansen & Bruce Tomblin, 2010）和非语言的序列学习（Conway et al., 2010; Conway et al., 2007）。这种预测机制是如何在神经生理指标体现的，接下来看一些来自 ERP 的证据。

1. 有关自然语言的 ERP 研究

P600 成分最初是在句法加工的 ERP 研究中发现的，句法加工的 EEG 研究证实，当违背句法的词语出现大约 600 毫秒之后能够观测到一个波幅增大的 ERP 正成分，这一晚期正成分 P600 在句法加工过程中广泛存在。当语言违反句法结构或词语结构时，P600 就会出现。词序颠倒，短语错误使用（例如，My uncle watched a movie about my family）、名词所有格（he 与 his 的混用）、动词语态错误（persuaded 和 be persuaded 混用）、动词时态错误（propelled 和 propelling 混用）等同样会引起 P600 效应。在 P600 出现之前通常会出现左前负波（left anterior negativity, LAN）（Gunter, Friederici & Schriefers, 2000; Hagoort, Wassenaar & Brown, 2003），或者出现早期左前负波（early left anterior negativity, ELAN）（Lau, Stroud, Plesch & Phillips, 2006）。P600 之前出现的 LAN 或 ElAN 反应的是自动化的词语分解过程（Hahne & Friederici, 1999），P600 则通常是发生在晚期可控制的阶段（Mehravari, Tanner, Wampler, Valentine & Osterhout, 2015）。还有一种说法认为，P600 成分能够反映将词语整合到句法背景过程中所花费的认知资源。我们可以根据一个已经出现的词来预测后面即将出现的词的句法类别，例如人称代词后面往往跟一个动词做谓语。如果这种预测没有实现，也就是说出现了和预测信息不一致的信息，大脑就会调动更多的认知资源对出现的新情况进行分析，这个分析过程就花费了比准确预测更多的认知资源。因此，P600 是句法整合难易的指标。据此可以推断，即使不对出现的新结构进行分析，而只是句法的整合难度增加时，也会引发 P600 效应（Kaan, Harris, Gibson & Holcomb, 2000）。因此，更为确切的说法应该是 P600 是句法整合加工和预测加工的脑电指标。

通过 P600 也可以了解格式正确的句子的加工机制。在歧义句中当去歧义化发生时，P600 也会发生。例如，在“The lawyer charged the defendant was lying”句中，当 was 出现的时候，P600 效应也会发生。而且，对英语复杂句中的远距离依赖（long-distance dependencies），当解元角色（thematic role）——即与动词相关的名词短语，如施动者或受动者——与动词距离较远，且必须与动词整合到一起时就会引发 P600 效应。例如在句子“Emily wondered who the performer in the concert had imitated for the audience's amusement”中解元角色“who”与动词 imitated 整合时就会引发 P600 效应。

尽管 P600 一直被认为与句法加工相联系，事实上语义冲突也会引发 P600。起初研究者们认为只有 N400 才是语义冲突的指标（Kutas & Hillyard, 1980; Qi et al., 2016）。语义冲突引发的 P600 的性质还存有争议，有一种可能是 P600 和 N400 反应了两个平行的神经加工过程：P600 主要计算与形态句法信息相关的结构或组合关系，N400 是在记忆的基础上对正在进行的语义进行解释。从这个角度来讲，P600 主要反映了与结构和元素组合相关的预期，而 N400 主要反映了与语义相关的预期。

因违反了语义预期而引发的 P600 效应可能源于有些词的共现概率（co-occurrence statistics）高，包括所谓的语义效价倾向。例如，动词"提供"（provide）倾向于与"工作、机会"等积极的词相连接，而"导致"（cause）则倾向于与"麻烦、问题"等消极的词相连接（Onnis, Farmer, Baroni, Christiansen & Spivey, 2008）。预期所赖以发生的信息非常丰富且分布广泛，对这种范式化知识（pragmatic knowledge）的捕获，可以解释为什么当理解了一个笑话的笑点时，也会引发这个晚期正成分。例如，玛丽已经生了第 14 个孩子，她再想不出用什么合适的名字去称呼他的"丈夫"（By the time Mary had her fourteenth child, she'd run out of names to call her husband），当"丈夫"这个词出现的时候，会引发 P600 效应（Coulson & Kutas, 2001; Coulson & Lovett, 2004）。同理，对隐喻的理解也会引发 P600 效应。

由于引发 P600 的语言情境复杂多样，对这一成分的解释存在很多争论。一方面是关于这一成分的心理语言学性质（psycho-linguistic nature）。有研究者认为，P600 是经历语法困难时需要花费的认知代价指标（Osterhout, Holcomb & Swinney, 1994），也有研究者认为 P600 是对违反语法的句子进行再分析时所产生的脑电反应，甚至 P600 是在释义过程中对预测违反的反应（Friederici, 1995; Regel, Meyer & Gunter, 2014）。还有研究者认为，P600 不仅仅是再分析过程的指标，也是根据预测对句法关系进行整合的指标。另一方面的争论是关于 P600 的性质，该成分是属于心理语言的特异加工过程，还是属于领域共同性的加工过程（Kaan et al., 2000）。有研究者在“odd-ball”实验中考察被试对小概率和违反预期事件进行反应时的脑电发现，与 P300 相似，P600 的振幅受到句法违反发生概率和心理语言违反显著性的影响，于是，他们认为 P600 隶属于 P300 家族，反映了领域共同性的加工过程（Coulson, King & Kutas, 1998; Daltrozzo et al., 2017）。然而，由于他们的实验并没有与进行非语言刺激的被试内比较，因此这个结论可能具有一定的局限。此外，振幅的变化可能反映了语言刺激的重要方面，P600 振幅受到动词所属类别性质的影响，表明 P600 对频率信息敏感（Osterhout et al., 1994）。一些研究对有关结构规则差异引发的 P600 的潜伏期、持续时间或者地形图分布的理论解释也不一致。尽管现有研究并没有解决 P300/P600 的争论，但 P600 很可能是领域共同性的成分，P600 或许与结构序列加工相关，不一定属于 P300 成分家族（Gouvea, Phillips, Kazanina& Poeppel, 2010）。

实时语言理解涉及对各种词汇、语义和句法线索的整合，从而内隐地预测句子的下一个词是什么，这种预测加工不仅对实时的语言理解很重要，而且对各种实时分布的信息都很重要，人工语言的序列学习同自然语言理解非常相似（Niv & Schoenbaum, 2008）。如果语言和序列学习具有相似的序列预测机制，应该就会有相似的 P600 出现。

2. 有关人工语言的 ERP 研究

序列学习又有非结构化的序列学习与结构化的序列学习之分。非结构化的序列学习是没有内部结构的任意排列的且固定重复（fixed repeating pattern）的序列模式，例如 3–1–4–2–3–1–4–2；而结构化的序列学习则包含较为复杂的模式，元素的发生很难预测，但这些元素的发生有一定的概率基础（Conway & Christiansen, 2001）。

非结构化的序列学习即固定序列学习（fixed sequence learning）的 ERP 相关研究大多采用序列反应时任务（SRT）（Nissen & Bullemer, 1987; Vakil, Bloch & Cohen, 2017）。在经典的序列反应时任务中，视觉刺激出现在四个位置中的一个，要求被试对刺激出现的位置进行按键反应，但并不告诉被试序列的出现遵循某种固定排列的模式。被试的反应下降时表明学习发生。许多 ERP 研究表明，非结构化的认知运动序列学习会伴有 P600 和 P300 的发生。这两个成分可能反映了对预期违反的敏感（Ferdinand, Mecklinger & Kray, 2008; Miyawaki, Sato, Yasuda, Kumano & Kuboki, 2005）。

结构化序列很可能在某种程度上与语言学习具有神经机制的同步性（Hoen & Dominey, 2000; Sakreida et al., 2017）。如果这个假设成立，则人工语法违法和自然语言违反会出现相似的神经信号。事实上，有少数研究发现，与自然语言中的 P600 相似的成分出现在人工语言学习过程中（Bahlmann, Gunter & Friederici, 2006; Mueller, Bahlmann & Friederici, 2008）。不一致的音乐和弦也会引发同样的脑电成分，并且音乐序列引发的 P600 和句法引发的 P600 没有显著差异。

人工语言包括字母、音位、词语和字符串，并且由一套规则将它们整合在一起，在语义缺失的情况下，被试能够依赖序列信息来习得这些元素的顺序。所以，人工语言的习得在很大程度上模仿了自然语言的习得过程。在学习一些人工语法序列之后，被试通常能够在新序列判断的任务中获得高于概率水平的正确率。这表明被试能够觉察和提取序列的结构规则，但被试并没有外显地意识到这个过程的发生。如果人工语法是研究语言获得和加工过程的有效范式，则违反结构规则的人工语法序列引起的 EEG 应该和自然语言很像。一些来自 ERP 的证据表明，在非语言的序列学习中的结构不一致引发的脑电反应和语言学习中的结构不一致引发的脑电反应相似，即 P600 效应。研究也表明，语言刺激的句法加工和序列结构模式的序列学习具有相同的神经机制。

人工语法学习研究发现，经受过训练并表现良好的被试在遇到违反规则的序列结构时，会引发 ELAN—P600 的脑电反应，这一脑电模式和母语引发的脑电模式很相似（Friederici, Steinhauer & Pfeifer, 2002; Kepinska, de Rover, Caspers & Schiller, 2016）。有研究者认为上述实验设计不够严格，当规则违反预期时，是否人工语言和母语会引发一样或类似的 P600，需要严格的被试内设计来探讨。Chirstiansen 等（2012）针对这一问题进行了被试内设计实验。结果发现，P600 效应在自然语言和人工语言中均存在，但是 LAN 成分则只在自然语言序列中出现。这表明，至少人工语言和自然语言的加工机制在某些部分是重叠的（Conway, Pisoni, Anaya, Karpicke & Henning, 2011），也就是说 P600 效应不是自然语言所特有的，抑或 P600 广泛存在于序列学习过程中，是表征序列是否违反规则或学习者预期的指标，也是整合新异刺激到已有序列背景所花费的认知代价的指标。但由于 Chirstiansen 等人（2012）的研究没有对学习材料的语义进行控制，于是 Tabullo 等人（2013）在 Chirstiansen 等人（2012）的基础上进一步改进实验，去除掉学习材料的语义，以保证被试对序列的学习仅是凭借元素之间的关系，而不是凭借语义。如果 P600 效应在人工语法学习和自然语言学习过程中均出现，则表明序列学习过程中出现违反预期的刺激和语言中出现违反预期的刺激时具有相似的神经加工机制，至少有部分神经加工机制是重叠的。Tabullo 等人（2013）的研究结果证实了这一推断，尽管在早期阶段人工语法学习和自然语言的学习有不同的脑电反应，但是观测到了相似的 N400 和 P600 效应。此外，研究者发现人工语言在不同的结构级别违反规则时，比如局部违反和更高级的违反，会引发分布于脑后部的与 P600 很相似的脑电波（Bahlmann et al., 2006）。

简言之，以往的研究认为，P600 反映了序列加工过程以及对序列中的元素进行预测的一般神经机制，无论是语言的还是非语言的序列加工。

第四章

研究的总体构想

研究包含四个部分的内容：第一部分探讨内隐学习的表征机制；第二部分探讨内隐学习表征机制背后的神经证据。这两个部分的实验逻辑，即如果视听通道的内隐学习可以并行且独立地发生，则表明内隐学习具有多重内隐学习子系统。实验结果支持了多重学习子系统的存在。于是提出下一个问题：既然人类可以同时学习并行发生的多重序列规则，那么在浩如烟海的信息中人们又是如何不受干扰地专注到一项任务上？第三部分则探讨选择性注意对听觉内隐学习的影响；第四部分探讨选择性注意对视觉内隐学习的影响。

一、问题提出

1. 内隐学习的表征机制（研究一）

心理表征的本质是揭示内隐学习特点的关键所在（Cleeremans & Jiménez, 2002; 付秋芳、傅小兰，2006）。一些研究认为内隐学习是具体表征，即心理表征建立在通道特异性（modality-specific）的感觉运动机制的基础上（Barsalou, Simmons, Barbey & Wilson, 2003）。

而另一些研究认为内隐学习是抽象表征，即内隐学习的心理表征具有感觉通道的通用性（modality-general）特征（Peña, Bonatti, Nespor & Mehler, 2002; Pothos, Chater & Ziori, 2006）。

可见，关于内隐学习表征机制并没有一个统一的结论，有待进一步探讨。研究已采用行为实验的方法对内隐学习的表征机制进行探讨。

2. 内隐学习的神经表征（研究二）

（1）视觉与听觉的比较（研究二 a）。

Chirstiansen 等（2012）考察人工语言和自然语言是否会引发一样或类似的 P600，结果发现 P600 效应在自然语言和人工语言中均存在。如果 P600 效应在人工语法学习和自然语言学习过程中均出现，则表明序列学习过程中出现违反预期的刺激与语言中出现违反预期的刺激时具有相似的神经加工机制，至少有部分神经加工机制是重叠的。进一步的研究还发现，人工语言在不同的结构级别违反规则时，比如局部违反和更高级的违反会引发分布于脑后部的与 P600 很相似的脑电波（Bahlmann et al., 2006; Cho, Szkudlarek & Tabor, 2016）。

综上所述，无论是自然语言还是人工语言，无论是语义刺激还是无语义的刺激，无论是语法结构的局部违反还是更高级的违反，预期违反所引发的 P600 具有一定的共同性，由此可推论 P600 效应具有刺激共同性。如果这一推论存在，则可以认为不同通道的刺激应该也会引发同样的 P600 效应。而研究表明内隐学习的表征具有通道特异性（Siegelman & Frost, 2015; Siegelman, et al., 2017）。那么，表征的通道特异性是否会影响预期违反的共同性呢？也就是说，对于在不同通道输入的刺激，预期违反所引发的 P600 又有怎样的相同或相异？未见文献对此进行探讨。

研究二 a 以人工语法学习为任务，采用具有高时间分辨率的 ERP 实验技术，通过视觉和听觉两种方式呈现具有相同规则的序列刺激，对视听两种输入所引发的 ERP 成分进行比较，以探讨不同通道的预测违反是否具有相同或相异的神经加工机制。由于 Conway 和 Christiansen（2005）采用行为实验，通过视、听、触觉呈现具有相同规则的刺激。结果发现，内隐学习具有通道差异。所以，研究二 a 预测视觉输入和听觉输入的序列结构违反会引发 P600 效应，且这一电生理指标的振幅和潜伏期会表现出通道差异。

（2）单通道与多通道内隐学习的比较（研究二 b）。

内隐学习领域一个尚存在争论的重要问题是，内隐学习的机制到底是由具有领域共同性的单一系统构成，另一些研究则认为内隐学习的机制是由具有任务或刺激特异性的多个子系统构成的。

事件相关电位（ERP）实验发现不同的学习任务产生了相同的P600效应，这在一定程度上支持了内隐学习抽象表征的观点。纵观以往研究发现，前人的ERP研究均是在单通道内对不同任务进行了比较。事实上，我们生活在多重感觉刺激的环境中，知觉环境很少局限于一个通道的刺激或一个信息源（Stein & Stanford, 2008），视觉和听觉很可能同时都在进行着内隐学习。因此，单通道的比较无助于感觉通道特异性机制问题的解决。于是，石文典等（2013）考查被试是否能够同时习得两个通道的语法规则，结果发现多重感官的内隐学习依然可以同时且独立地发生，于是他们认为内隐学习具有多个平行加工的子系统。然而，为了确切证实双通道内隐学习的产生是否源于多重学习系统的存在，需要结合神经生理学的研究方法进行进一步的考察才会有更强的说服力。

研究二b以人工语法学习为任务，在视听通道同时呈现具有相同规则或不同规则的序列，采用ERP技术考察双通道内隐学习的发生机制。

3. 选择性注意对听觉内隐学习的影响（研究三）

内隐序列学习与注意的关系是内隐学习研究中的一个热点问题，目前还存在着很大的争议（付秋芳、傅小兰，2006）。Turk-Browne, Jungé和Scholl（2005）为了探讨视觉内隐学习的自动化问题时发现，被试仅习得进行探测反应的相应颜色的序列规则，而没有习得未进行探测反应的另一种颜色的序列规则。因此，Turk–Browne 等认为内隐学习的发生需要选择性注意。

然而，有研究者在考察忽略的背景信息是否能够被内隐地习得时得到相反的结论，发现内隐学习的发生不需要注意（Guo et al., 2013; Jiang & Leung, 2005）。Huang, Zhang, Liu, Li 和 Wang（2014）的研究也支持了内隐学习的发生不需要注意这一观点。一些研究者甚至把内隐学习看作是与有目的、有选择的学习相对照的另一种学习方式（Hayes & Broadbent, 1988; Musz,Weber & Thompson–Schill, 2015; Romberg & Saffran, 2013）。

上述研究均采用序列反应时任务（SRT），且大部分的研究支持了“内隐学习的发生不需要选择性注意”这一观点。相对于 SRT 范式，人工语法学习（AGL）范式下的探讨则要少得多。由于序列反应时任务与人工语法学习的原理有很大区别，由前者得出的结论不一定适用于后者。SRT 在预测的基础上能够进行错误矫正，而 AGL 更倾向于是对刺激的一种自动化的组块加工（Tanaka, Kiyokawa, Yamada, Dienes & Shigemasu, 2008）。由于 SRT 和 AGL 的学习机制不同，因此选择性注意在不同的实验范式中的作用及其表现形式也可能不同。基于此，研究者认为有必要在人工语法学习范式下，对选择性注意在内隐学习中的作用展开探讨（Eitam et al., 2013; Eitam, Schul & Hassin, 2009; Tanaka et al., 2008; Weiermann & Meier, 2012）。上述有关人工语法学习范式下的研究表明，选择性注意对人工语法学习具有充分的调节作用。

可见，关于注意在内隐学习中的作用，研究结论之间并不一致，这可能源于实验范式、实验材料或实验设置的不同。文献梳理发现，以往对人工语法学习的研究所用实验材料均为视觉刺激。尽管人工语法学习并没有限定刺激类型，刺激是随机选择的，比如图形、颜色、字母等，但上述研究均是对视觉刺激进行选择性注意的控制，并没有探讨视觉刺激之外的其他刺激类型。选择性注意在人工语法学习中所体现出来的调节作用是否源于或仅限于视觉认知的特点？Conway 和 Christiansen（2009）及石文典、李秀君、王维和严文华（2013）在比较视觉和听觉内隐学习时发现，人类的内隐学习存在通道特异性。那么，选择性注意对内隐学习的影响是否也具有通道特异性？为了探讨这一问题，研究三将实验材料扩展到听觉刺激，采用双耳分听技术将遵循不同语法规则的两种序列同时呈现给被试，使被试同时接收到两个序列刺激，即两个刺激均在注意范围内，但指导被试选择注意其中一个序列刺激。以此考察被试对选择注意和忽略序列的习得情况。如果选择性注意是听觉内隐学习发生的条件，则只有被选择注意的信息流能够发生内隐学习，忽略的信息流则不能发生内隐学习。

4. 选择性注意对视觉内隐学习的影响（研究四）

前文已经指出，内隐序列学习与注意的关系是内隐学习研究中的一个热点问题。不同研究者得出不同的研究结论，一些研究者认为内隐学习的发生不需要选择性注意（Goujon, Didierjean & Thorpe, 2015；Jiang & Leung, 2005; Musz, Weber& Thompson-Schill, 2015）。另一些研究者则认为，内隐学习事实上是高度选择的过程（Eitam et al., 2013; Eitam et al., 2009; Tanaka et al., 2008; Weiermann & Meier, 2012）。

以往有关选择性注意的研究均是在呈现两个刺激的基础上进行的。事实上，我们经常面临多重信息的复杂环境，不仅要在两个刺激中进行选择，而且往往要在更多的刺激中进行选择。那么，如果面临三个刺激乃至更多的刺激，选择注意的数量也不再是一个，而是两个或者更多时，选择注意的调节作用又是如何体现的呢？研究四将同时呈现的刺激由两个扩展到多个，探讨多背景多注意对象时选择性注意对内隐学习的影响。

二、研究内容

1. 内隐学习的表征机制（研究一）

研究一探讨两个问题：第一，是否存在双通道的内隐学习效应；第二，双通道呈现的刺激之间的关系（视听通道的信息流遵循相同的规则或者遵循不同的规则）对双通道内隐学习效果的影响，考证当双通道同时呈现刺激时，不同通道的内隐学习是并行发生的还是互相影响的。

2. 内隐学习的神经表征（研究二）

（1）视觉与听觉内隐学习神经表征的比较（研究二 a）。

内隐学习的发生离不开感觉通道，人类 80% 的信息来自视觉，其次是听觉，而初步的研究又表明内隐学习具有通道特异性（Conway & Christiansen, 2009; Emberson, Conway & Christiansen, 2011），但视觉和听觉内隐学习通道特异性的具体神经表征有何不同，未见跨通道的比较研究。因此，研究二 a 具体考察视觉和听觉内隐学习表征的异同。

（2）单通道与双通道内隐学习神经表征的比较（研究二 b）。

我们生活在多重感觉刺激的环境中，知觉环境很少局限于一个通道的刺激或一个信息源（Stein & Stanford, 2008），而双通道的内隐学习与单通道的内隐学习有何不同？对此，我们仍然一无所知。因此，研究二 b 拟考察单双通道的内隐学习的发生机制并比较其异同。

3. 选择性注意对听觉内隐学习的影响（研究三）

很多时候我们面临多重信息，但不会对所有信息进行加工，而是根据需要有选择地加工。因此，需要考查选择性注意对内隐学习的影响。研究三考察了选择性注意对双重听觉内隐学习的影响。

4. 选择性注意对视觉内隐学习的影响（研究四）

我们经常面临多重信息的复杂环境，不仅要在两个刺激中进行选择，而且往往要在更多的刺激中进行选择。由此而产生的问题是，不仅要在两个刺激中进行选择，而且往往要在更多的刺激中进行选择。那么，如果面临三个刺激乃至更多的刺激，选择注意的数量也不再是一个，而是两个或者更多时，选择注意的调节作用又是如何体现的呢？研究四将同时呈现的刺激由两个扩展到多个，探讨多背景多注意对象时选择性注意对内隐学习的影响。

三、研究框架

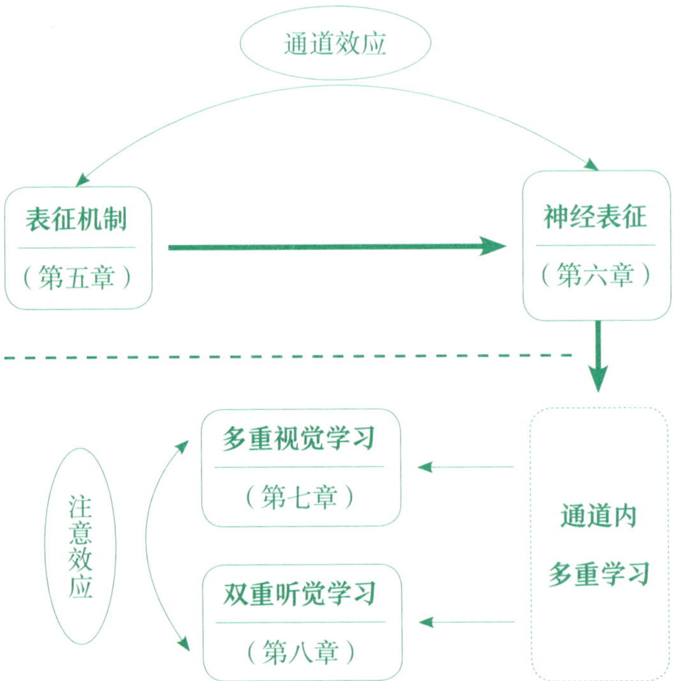

第五章

内隐学习表征机制研究

本章探讨内隐学习所获得的知识在多大程度上是具体表征或是抽象表征的。结果发现：视听双通道同时呈现的语法规则无论相同还是不同，双通道的内隐学习成绩与单通道的内隐学习成绩均没有显著差异。研究表明：双通道的内隐学习具有和单通道近乎一样的学习效应，被试能够同时跟踪呈现在视听两个通道且不论规则是否相同的两套序列，表明学习者具有多重感官同时内隐学习的能力；而多重感官的内隐学习可以同时且独立发生，也许表明多重学习子系统的存在。本研究支持了内隐学习具体表征的观点，揭示了“一心多用”背后的心理机制是多重学习子系统的存在。

一、问题提出

一些研究表明，人类具有一种不寻常的内隐学习能力，可以无意识地学到各个知识领域的潜在序列规则（Aslin & Newport, 2009; 郭秀艳、姜珊、凌晓丽、朱磊、唐菁华，2011）。内隐学习是指有机体在与环境接触的过程中不知不觉地获得了一些经验并因之改变其事后某些行为的学习（Reber, 1967; 郭秀艳、杨治良，2002）。Reber（1967）的早期研究发现，给被试呈现几个字母（e.g., M, R, T, V, X），这些字母按语法规则产生字母串，被试能够内隐地学到这一语法结构。当换成其他字母时（e.g., N, P, S, W, Z），被试依然能够内隐地识别出这一语法规则，只要它们是由同一语法规则构成的字母串。

内隐学习的研究包含了认知科学中的三个基本问题：意识的本质，心理表征的本质，以及经验在认知系统中形成的作用。心理表征的本质是揭示内隐学习特点的关键所在（Cleeremans & Jiménez, 2002; 付秋芳、傅小兰，2006）。而关于内隐学习的心理表征——知识的获得多大程度上是感觉通道依赖的（modality-dependent）或多大程度上是抽象表征的（abstract representation），一直都存在争论（Conway & Christiansen, 2006）。传统的认知信息加工理论强调内隐学习心理表征的非通道性的符号系统（amodal symbol systems）（Pylyshyn, 1989），而近来的一些研究认为内隐学习心理表征建立在通道特异性

（modality-specific）的感觉运动机制的基础上（Barsalou, Simmons, Barbey & Wilson, 2003）。

内隐学习效应不仅能够跨字母迁移（Shanks, Johnstone & Staggs, 1997），而且能够跨通道迁移（Tunney & Altmann, 2001）。在信息规则相同的情况下，各种刺激输入方式（e.g., tones, shapes, syllables）都不影响内隐学习效果（Kirkham, Slemmer & Johnson, 2002）。例如，无意义音节作为听觉刺激（Saffran, Johnson, Aslin & Newport, 1999）和图形作为视觉刺激（Fiser & Aslin, 2002）的内隐学习没有差异。这种迁移效应（transfer effect）之所以存在，经常被解释为内隐学习是以抽象表征为基础产生的学习。该观点强调知识的产生是对结构关系的学习，而刺激的表面特征或输入通道并不影响内隐学习（Pena, Bonatti, Nespor & Mehler, 2002; Pothos, Chater & Ziori, 2006），即内隐学习具有感觉通道的通用性（modality-general）特征。

然而，一些研究得出了相反的结论。Chang 和 Knowlton（2004）在探讨刺激输入方式如何影响学习时发现，内隐学习对刺激特征敏感，字体的改变会影响被试对字母串的内隐学习成绩。这表明，至少学到的部分知识是通道特异性的或刺激特异性的（stimulus-specific）。Conway 和 Christiansen（2005）采用振动、图片和音频为实验测料，分别测量了触觉、听觉和视觉内隐学习效应并对其进行比较，发现不同的感觉通道下的内隐学习有很大差异，听觉的内隐学习明显好于视觉和触觉，所以研究者认为存在与信息输入通道直接相联系的多重平行内隐学习机制

（Conway & Christiansen, 2005, 2006, 2009）。Emberson, Conway 和 Christiansen 等人（2011）分别在视觉和听觉通道以不同的速度呈现序列，发现刺激呈现速度与感觉通道存在交互作用：当刺激快速呈现时，听觉的内隐学习好于视觉；但当刺激慢速呈现时，视觉的内隐学习好于听觉。这表明被试学到的知识至少部分依赖于刺激的输入特征。这些研究为内隐认知表征的刺激特异性或感觉通道特异性理论（Barsalou et al., 2003）提供了实验支持。Witt 和 Vinter（2012）以 5~8 岁的儿童为被试，实验结果依然支持了内隐学习的刺激特异性的加工模式。

文献梳理发现，在内隐学习是根植于一个核心机制还是多个感觉通道特异性机制的问题的检验中，除少数研究以外（Conway & Christiansen, 2006; Johansson, 2009; Seitz, Kim, Wassenhove & Shams, 2007），大部分研究往往采用单感觉通道的比较进行考查（Gebhart, Aslin & Newport, 2009; Weiss, Gerfen & Mitchel, 2009; Mitchel & Weiss, 2010），要么单通道的听觉和单通道的视觉相比较，要么单通道内不同认知维度的比较，比如视觉通道下不同颜色的图形序列的比较。事实上，我们生活在多重感觉刺激的环境中，知觉环境很少局限于一个通道的刺激或一个信息源（Stein & Stanford, 2008），视觉和听觉很有可能同时都在进行着内隐学习。因此，单通道的比较无助于感觉通道特异性机制问题的解决。于是，采用多通道内隐学习效应的比较就成为解决上述难题的不二选择。

Conway 和 Christiansen（2006）采用了人工语法任务探讨听

觉和视觉是否能够独立学到两套不同的语法规则，以此来考查内隐学习的表征是抽象表征还是具体表征。其实验方法如下：在学习阶段，给被试在听觉通道呈现产生于一个语法规则的声音刺激，而在视觉通道呈现产生于另一个语法规则的颜色序列。在测验阶段使用由学习阶段的两个语法产生的新的刺激序列，其中一半的刺激序列产生于一个语法，一半的刺激序列产生于另一个语法。在测验阶段所有的序列都用一种通道模式进行测验，即或者全用声音或者全用颜色，而只有测验阶段序列呈现的通道与学习阶段相同、使用的语法与学习阶段也相同时才会被记为正确。如果正确率为 50% 则认为没有内隐学习发生，即被试未能内隐地学到语法规则。或者被试学到了规则，但是知识存在于非通道（amodal）形式下即没有保存感觉通道的信息。如果成绩显著高于随机概率水平表明被试从两个语法中内隐地学到了语法规则，也就意味着内隐学习心理表征的通道特异性。结果发现，被试学到了两种感觉通道的语法规则。因此，Conway 和 Christiansen 认为不同感觉通道的内隐学习不是统一的加工机制，而是存在与信息输入通道直接相联系的多重平行内隐学习机制。然而，Johansson（2009）则认为 Conway 和 Christiansen 的实验在学习阶段只有 6 个 block，学习不够充分不足以形成抽象表征，才得出了内隐学习特异性表征的结论。于是，Johansson 采用了 Conway 和 Christiansen 的实验范式，在学习阶段给被试呈现 18 个 block，让被试进行更为充分的学习，结果依然得出了刺激特异性表征的结论。然而，由于他们的实验在学习阶段均采用听觉序列和视觉序列交叉混合呈现，即呈现一个视觉序列，然后呈现一个听觉序列，接下来再呈现一个听觉序列或视觉序列，也就是视觉序列和听觉序列是前后继时呈现的。因此，内隐学习的发生可能也是继时的，在这个过程中，也许发生了内隐学习的迁移，才使得被试在测验阶段学到了两种刺激模式。所以，如果能够提供多重感官同时且独立地进行内隐学习的证据，则将为多重平行学习机制的存在提供更强大的支持。值得一提的是，尽管 Seitz 等人（2007）的实验中同时呈现了视觉和听觉刺激，但每个听觉刺激一直和另一个视觉刺激同时发生，所以到底是独立学习机制导致了高于随机概率水平的学习成绩，还是视听刺激的对应性提高了学习成绩，对此仍然有商榷的必要，因为有证据表明视听刺激的对应性有助于提高学习成绩（Thiessen, 2010）。此外，或许是 Seitz 等人的实验中视听对应的组合对学习任务过于简单，使得被试能够较容易地习得刺激与刺激间的关系，从而导致了双通道下的内隐学习效应。总之，有必要通过严格意义上的双通道内隐学习效应的比较，进一步考查内隐学习通道特异性是否存在，但至今还没有相关研究对此进行报道。根据通道通用性（modality-general）观点进行推论，假如多通道的刺激同时输入能够被一个统一的机制所加工，那么各个通道的内隐学习彼此之间将会互相影响而不是相互独立的；反之，如果各个通道的内隐学习彼此之间是相互独立的，那么内隐学习通道特异性就应该是存在的。

本研究采用限定状态语法生成的材料作为学习任务，给被试在视听双通道同时呈现序列刺激，通过测量复杂语法的获得而不仅仅是刺激与刺激间的简单联系来探讨两个问题：第一，是否存在双通道的内隐学习效应；第二，双通道呈现的刺激之间的关系对双通道内隐学习的影响，检验双通道的内隐学习彼此之间是互相影响的或是相互独立的。

二、实验一

1. 实验目的

分别测量视觉和听觉在单通道下的内隐学习，并和对照组的学习相比较，验证视觉内隐学习效应和听觉内隐学习效应，并为视听双通道同时进行的内隐学习建立比较的基线。

2. 实验一 a

（1）被试。

随机选取在校本科生 48 名（男女各半），所有被试视力或矫正视力正常，无色盲或色弱，年龄在 20~24 岁，以前均未参加过类似实验。

（2）实验材料与仪器。

实验仪器为电脑。采用 E–prime 进行编程。实验材料是 5 个颜色块（红、蓝、黄、绿、黑）。根据语法（见图 5–1）可以产生长度为 2~6 的 23 个序列，每个图片和语法图上的数字相匹配。因此，视觉刺激包括一个颜色序列，例如语法 1–2–5–5 对应的就是一个颜色序列：红 – 蓝 – 黑 – 黑（见图 5–2）。

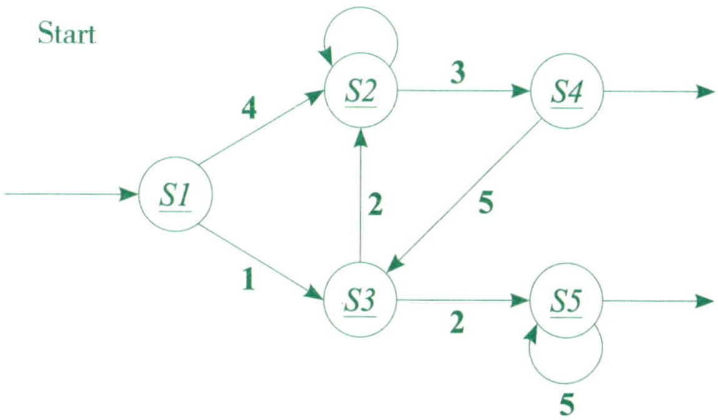

图 5-1　人工语法图

图 5-2　1-2-5-5（颜色块）序列图示

学习阶段，选取 12 个由语法产生的序列用来学习，并将这些序列成对组合，共构成 12 对，其中 6 对的两个序列是重复的，而另外 6 对的两个序列不重复，但仅是略有不同。

测试阶段包括 20 个新的序列，这 20 个新序列与学习阶段均不相同。其中包括 10 个语法序列和 10 个非语法序列，非语法序列均由合法的第一个元素开始，随后是一系列不合法元素，结尾处也是合法元素。例如，序列 4-2-1-5-3 起始元素 4 和末尾元素 3 均合乎语法，中间的元素顺序 4-2，1-5，5-3 是不合语法的。

（3）实验设计与程序。

采用组间设计，将被试随机分为实验组和控制组。实验分两个阶段，学习阶段和测试阶段。实验组先学习，后进行分类测验。控制组仅有测验阶段，以确保成功分类是由于学习而产生的。实验开始前告诉被试：在学习阶段你们将在电脑屏幕上看到成对的颜色序列，你们的任务是判断这些对子一样还是不一样，并按键反应。

学习阶段采用这样的安排是因为这个过程可以使被试将注意力集中在刺激上，促使被试进一步地编码（Christiansen, Kelly, Shillcock& Greenfield, 2010）。每个颜色块呈现1s，颜色块之间没有时间间隔，每个对子的两个序列之间的间隔为2s，每个对子的第二个序列呈现完毕后再间隔1s，屏幕上会出现提示，请被试做出按键反应。2s之后，呈现下一个trial。每个对子呈现6次，共72个trial，大概持续15min。控制组没有学习阶段。

在测试阶段开始之前，告诉实验组被试：刚才在练习阶段，看到的颜色块序列是由电脑程序根据一套复杂规则产生的，现在呈现给你们的是新的颜色块序列，其中部分是由同一个程序产生的，而其他部分不是，这些颜色块序列是随机呈现的，需要完成的任务是对这些序列进行分类。如果新的颜色块序列是由学习阶段的规则产生的，则按Q键，若不是，则按P键。在测试阶段，控制组任务与实验组一样，其指导语为：现在呈现给你们的是颜色块序列，其中部分是由同一个程序产生的，而其他部分不是，这些颜色块序列是随机呈现的，需要完成的任务是对这些序列进行分类。

20个新序列是随机呈现的，测试阶段的序列呈现时间与学习阶段相同，并且和学习阶段一样，一个序列呈现之后，会有一个屏幕提示，请被试做出按键反应。测验结束后，问被试在学习和测验阶段是否使用了什么策略或规则以考察其外显知识。

3. 实验一 b

（1）被试。

选取同实验一 a。

（2）实验材料与仪器。

实验仪器为电脑，需要配备耳机、麦克。采用 E–prime 进行编程。实验材料是 5 个无意义音节：dak, jic, pel, rud, wif。请一位母语为英语的女性留学生录制。学习与测试项均与实验一 a 相同，唯一不同的只是将颜色块改成了听觉呈现的无意义音节。例如，语法 1–2–5–5 对应的就是一个声音序列：dak – jic – wif – wif（见图 5–3）。

图 5–3　1–2–5–5（无意义音节）序列图示

（3）实验设计与程序。

与实验一 a 相同。

4. 结果与分析

由于个别被试中途退出或未看懂实验程序，实验一 a 视觉测验组有效被试为 22 人，控制组有效被试为 21 人；实验一 b 听觉测验组有效被试为 21 人，控制组有效被试为 21 人。实验一 a 和实验一 b 被试的测验正确率见表 5–1，对测验结果进行两种比较分析。第一，对实验组和控制组进行比较以判定两组之间是否有差异；第二，实验组和控制组的测验正确率均与随机概率水平相比较，根据文献（Conway & Christiansen, 2006），在所有的实验条件下，随机概率水平被定义为50%，以判定各组与随机概率水平是否有差异。两种比较如图5–4所示。第一种比较，对实验一a实验组和控制组进行独立样本*t*检验，结果发现两组差异显著（$t_{(41)}=-3.631$，$p<0.05$，*cohen's d*=1.1）。对实验一b实验组和控制组进行独立样本*t*检验，结果发现两组差异显著（$t_{(40)}=-2.072$，$p<0.05$，*cohen's d*=0.9）。这表明不管是视觉测验还是听觉测验，实验组的成绩均好于控制组。第二种比较，对实验一a和实验一b的各组测验正确率进行单样本*t*检验（与随机概率水平相比较），结果显示，实验一a实验组成绩非常显著地高于随机概率水平（$t_{(21)}=5.334$，$p<0.001$），控制组分数与随机概率水平差异不显著（$t_{(20)}=0.295$，$p>0.05$）。实验一b实验组成绩显著高于随机概率水平（$t_{(20)}=3.548$，$p<0.01$），控制组分数与随机概率水平差异不显著（$t_{(20)}=-0.579$，$p>0.05$），第二种比较的所有结果与Saffran等人（1999）的研究结果完全一致。进一步对实验组视觉测验和听觉测验的成绩进行独立样本*t*检验，结果表明二者没有显著差异（$t_{(41)}=1.218$，$p=0.230$，*cohen's d*=0.4），该结果与Fiser和Aslin（2002）的研究结果一致，第二种比较进一步证实了实验组与控制组之间的差异。这说明视觉通道和听觉通道均存在显著的单感觉通道的内隐学习效应。此外，该实验结果提供了一个学习正确率的基线，用以和后续的实验二、实验三的双通道内隐学习结果进行比较。

表 5-1　单通道视觉测验和听觉测验正确率（$M \pm SD$）

测验类型	正确率（%）	
	实验组	控制组
单通道视觉测验	63.41±11.79	50.71±11.10
单通道听觉测验	59.05±11.69	48.57±11.31

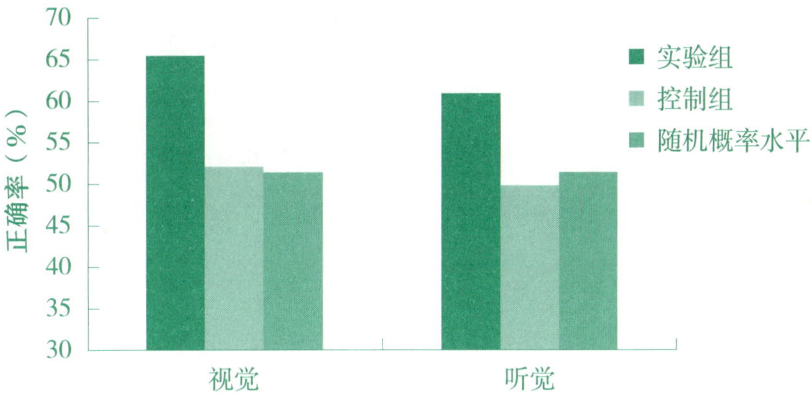

图 5-4　单通道视觉测验和听觉测验正确率与控制组以及随机概率水平的比较

三、实验二 a

1. 实验目的

在学习阶段同时呈现具有相同语法规则的视听刺激，探查被试是否能够跟踪在视听双通道同时输入的两个信息流，考证这种学习的获得是否依赖视听刺激的对应性。

2. 被试

随机选取在校本科生 48 名，选取标准同实验一。

3. 实验材料与仪器

视觉刺激同实验一 a，听觉刺激同实验一 b；视听刺激均为具有相同语法规则的材料。

4. 实验设计与程序

采用组间设计，将被试随机分为两组：一组为视觉测验组；另一组为听觉测验组。实验分两个阶段：学习阶段和测试阶段。学习阶段，给被试同时呈现视觉刺激和听觉刺激，视觉刺激与实验一 a 相同，序列呈现的是颜色块；听觉刺激与实验一 b 相同，序列呈现的是无意义音节，两个通道的语法规则均同实验一，呈现方式见图 5-5。实验开始前告诉两组被试：在学习阶段，你们

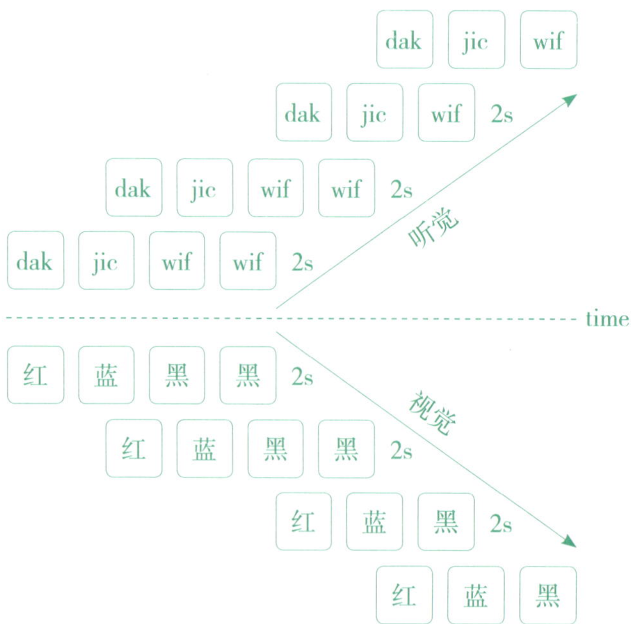

图 5-5 视听序列同时呈现

将在电脑屏幕上看到成对的颜色序列，你们的任务是判断这些对子一样还是不一样，并按键反应。两组被试接受同样的学习。测试阶段，一组被试接受视觉测验，一组被试接受听觉测验。其他程序均与实验一相同。

5. 结果与分析

由于个别被试中途退出或未看懂实验程序，视觉组有效被试为 22 人，听觉组有效被试为 21 人。视听呈现相同语法规则时，双通道内隐学习的视觉测验成绩和听觉测验成绩见表 5–2。对实验二 a 中的视觉测验成绩和听觉测验成绩分别与随机概率水平相比较（见图 5–6），单样本 t 检验的结果表明，视觉测验成绩高于随机概率水平，并达到了边缘显著（$t_{(21)}=1.970$，$p=0.062$），听觉测验成绩显著高于随机概率水平（$t_{(20)}=3.203$，$p=0.004$）。由于控制组与随机概率水平无显著差异，为了避免控制组因为样本小或其他因素造成的结果的有偏性，也为方便起见，本实验采用了随机概率水平作为参照对象。对实验二 a 中的视觉测验成绩与实验一 a 进行独立样本 t 检验，结果没有显著不同（$t_{(42)}=-1.629$，$p=0.111$，*cohen's d*=0.5）；对实验二 a 中的听觉测验成绩与实验一 b 进行独立样本 t 检验，结果也没有显著不同（$t_{(40)}=-0.485$，$p=0.630$，*cohen's d*=0.2）；对实验二 a 中的视觉测验成绩和听觉测验成绩进行独立样本 t 检验，结果表明二者差异不显著（$t_{(41)}=0.193$，$p=0.848$，*cohen's d*=0.1）。实验二 a 的结果表明，被试能够同时跟踪视听两个通道的序列规则，这与 Seitz 等人（2007）的实验结果一致。由于视听双通道的语法规则相同，是否是规则的一致性导致了这种学习结果，对此还需要进一步的验证。实验二 b 在视听双通道呈现不同的语法规则，以探测被试是否依然能够捕获两个通道的序列规则。

表 5-2　双通道呈现相同语法规则时视觉和听觉测验正确率（$M \pm SD$）

测验类型	正确率（%）
视觉测验（n=22）	56.59±15.69
听觉测验（n=21）	57.38±10.31

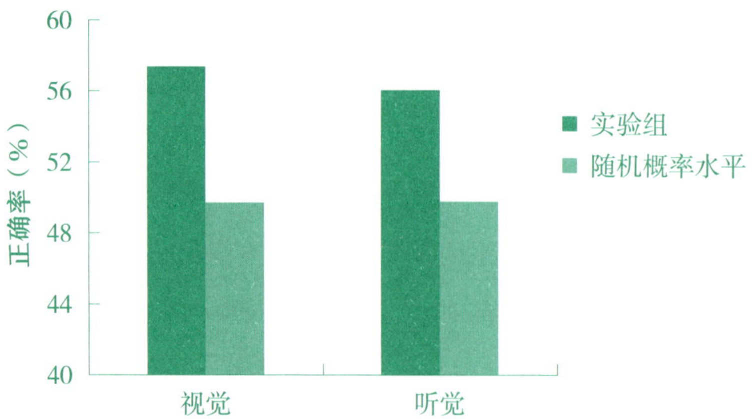

图 5-6　双通道呈现相同语法规则时视觉和听觉测验正确率与随机概率水平的比较

四、实验二 b

1. 实验目的

在学习阶段同时呈现具有不同语法规则的视听刺激，探查被试是否依然能够跟踪在视听双通道同时输入的两个信息流，考证双通道内隐学习的获得是否依赖视听规则的一致性。

2. 被试

被试的选取同实验二 a。

3. 实验材料与仪器

同实验二 a。只是学习阶段听觉刺激采用了与视觉刺激不同的语法规则生成序列。测验阶段听觉采用了与视觉不同的语法规则生成序列。

4. 实验设计与程序

采用组间设计，将被试随机分为两组。学习阶段视觉刺激和听觉刺激同时呈现，视觉刺激与实验一 a 相同，序列呈现的是颜色块；听觉刺激与实验一 b 相同，序列呈现的是无意义音节；视觉的语法规则同实验一、二，听觉的语法规则与视觉的语法规则不同。两组被试接受同样的学习，测试阶段中一组被试接受视觉测验，一组被试接受听觉测验。其他程序均与实验二 a 相同。

5. 结果与分析

由于个别被试中途退出或未看懂实验程序，视觉组有效被试为 21 人，听觉组有效被试为 20 人。如果被试能够独立地学习到视听两个通道的不同规则，那么实验二 b 与上述实验一、二条件下的学习成绩应该没有差异。反之，如果对视听两个通道的不同规则的学习不是完全独立的，那么实验二 b 的信息呈现方式将会影响或破坏至少一个通道的学习效果。实验二 b 中的视觉测验和听觉测验成绩见表 5–3。将视听测验成绩分别与随机概率水平相比较（见图 5-7），单样本 t 检验结果表明，视觉测验成绩显著高于随机概率水平（$t_{(20)}=3.302$，$p=0.004$），且与实验一 a 没有显著不同（$t_{(41)}=-1.601$，$p=0.117$，*cohen's* $d=0.61$）；听觉测验成绩显著高于随机概率水平（$t_{(19)}=2.830$，$p=0.011$），且与实验一 b 没有显著不同（$t_{(39)}=-0.740$，$p=0.464$，*cohen's* $d=0.2$）。对实验二 b 中的视觉测验成绩和听觉测验成绩进行独立样本 t 检验，结果表明二者差异不显著（$t_{(39)}=0.410$，$p=0.684$，*cohen's* $d=0.1$）。进一步的独立样本 t 检验表明，实验二 a 和实验二 b 的视觉测验成绩没有显著差异（$t_{(41)}=0.306$，$p=0.761$，*cohen's* $d=0.1$），实验二 a 和实验二 b 的听觉测验成绩也没有显著差异（$t_{(39)}=0.465$，$p=0.644$，*cohen's* $d=0.1$）。

借鉴 Conway 和 Christiansen（2006）跨实验的比较方法，进行 3（实验一\实验二 a\实验二 b）×2（视觉和听觉）方差分析，结果显示，没有显著的实验主效应（$F_{(2,\ 80)}=0.005$，$p=0.942$），也没有显著的测验类型主效应（$F_{(1,\ 80)}=0.011$，$p=0.915$），交互作用亦不显著（$F_{(2,\ 80)}=0.164$，$p=0.686$）。

因为不同实验按序进行，时间上有差异，所以跨实验的比较需要避免不同的时段对实验的影响，两个实验的相关分析表明听觉和视觉测验与学习时段都没有显著相关，学习的时间段没有表现出对学习成绩的影响。

实验二 b 的结果表明，实验二 a 中被试同时学到视听两个通道的语法规则，不是由于视听序列规则的一致性，而是被试能够同时学到多个通道的语法规则。

表 5-3 双通道呈现不同语法规则时视觉和听觉测验正确率（$M \pm SD$）

测验类型	正确率（%）
视觉测验（n=21）	57.86±10.91
听觉测验（n=20）	56.50±10.27

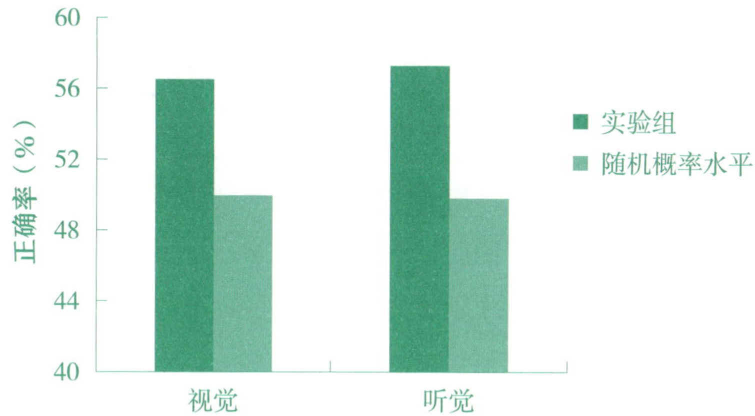

图 5-7 双通道呈现不同语法规则时视觉和听觉测验正确率与随机概率水平的比较

五、讨论

1. 单通道内隐学习效应

实验一 a 和实验一 b 的实验组测验正确率均显著好于随机概率水平，而控制组测验正确率与随机概率水平无显著差异，而且无论实验一 a 还是实验一 b，实验组的测验正确率均显著好于控制组的测验正确率。这表明实验组被试习得了序列结构，使得他们在测验阶段能够更好地区分合法序列和不合法序列。视觉和听觉的实验组没有被试能够用语言描述构成序列的语法规则，大多数被试报告说他们判定一个序列是否合法的标准是对序列熟悉与否。例如，一个被试报告说：“如果一个序列包含有 4 个元素，我就判定为不合语法。”再如，一个被试报告说：“如果一个序列中有某两个元素一起出现，我就判定为不合语法。”然而，事实上这是行不通的，假如被试在对每个序列的判定中都遵循这样的标准，将会导致其更多错误的判断。总之，没有被试能够报告出构成序列的语法规则或真正对其有帮助的判断依据，在这些口头报告的基础上，得不出任何表明被试在判断合法与非法序列时使用了外显意识的证据。因此，学习阶段的被试在测验阶段中表现出了比控制组和随机概率水平都高的测验正确率，表明学习确实发生了，且这种学习是无意识产生的内隐学习。这与已有研究结果一致（Conway & Christiansen, 2005）。

被试不仅能够习得视觉模式下的序列规则，而且能够习得听觉模式下的序列规则，且二者没有显著差异，这似乎表明视觉内隐学习和听觉内隐学习可能有共同的学习机制，这个机制控制所有类型的信息输入（Kirkham et al., 2002），或者听觉和视觉系统在很大程度上依赖一样的计算法则和神经元结构（Shamma, 2001）。为了验证或推翻这一推论，后续的实验二 a 和实验二 b 在视听双通道同时呈现序列刺激，以实验一的结果为比较基线，探测被试是否能够同时独立地习得双重序列规则。

2. 视听双通道同时呈现相同语法规则时的内隐学习效应

已有研究表明，在多感觉通道的内隐学习情况下，被试可以独立习得每个通道的信息（Conway & Christiansen, 2006, 2009）。根据这一观点，一个感觉通道的内隐学习不会受到同时呈现的多重信息流之间关系的影响（Seitz et al., 2007）。在学习阶段同时呈现具有相同语法规则的视听刺激，而在测验阶段仅测视觉内隐学习或听觉内隐学习，总体上学习者都能够成功地习得听觉或视觉序列，这一结果表明存在显著的双通道内隐学习效应。从理论上进一步分析，这一结果意味着内隐学习的表征可能是感觉通道特异性的，即视觉内隐学习和听觉内隐学习平行发生，导致视觉测验成绩和听觉测验成绩均高于随机概率水平；但也不排除内隐学习的知识是抽象表征的可能，因为学习阶段的视听刺激是相同的语法，只要有内隐学习产生，对语法结构的抽象表征依然会导致测验阶段的成绩高于随机概率水平。先来分析后一种可能，假如视觉内隐学习和听觉内隐学习有共同的学习机制，那么视听学习成绩将会彼此相互作用和影响而不是彼此独立。因为多感觉整合理论认为，生物体的神经系统能够对于不同感觉通道（例如，视觉和听觉）的外界刺激进行整合，从而确定这些刺激信息之间的关系并增强大脑对于这些信息的检测，从而使生物体对于外界的输入信息做出正确的响应。生物体在利用同时呈现的来自同一客体的多种感觉信息进行加工时，判断更准确，反应更快（刘强等，2010），体现在实验二 a 中则是被试会获得比单通道内隐学习更高的测验正确率，因为颜色和无意义音节的序列规则一致，将会增强内隐学习效果。然而，实验结果恰恰与此相反，本研究结果显示双通道的内隐学习与单通道的内隐学习没有显著差异。

由此推断，被试同时且独立地习得了听觉和视觉序列，人可能平行存在多重与感官相联系的学习子系统。这个推论与 Conway 和 Christiansen（2006）的研究结论一致。

当然，上述结果或许与另外一个因素有关，即不排除在学习过程中，被试只跟踪了一个感觉通道的规则，而在测试阶段所表现出来的视觉和听觉均有显著的内隐学习效应，是因为一个感觉通道学习到了规则，然后又将这种学习效果迁移到了另一个感觉通道。因此，上述结果只能表明双通道信息的同时输入具有内隐学习效应。要想进一步确定双通道内隐学习是否同时且独立地发生，就需要在学习阶段呈现不同语法规则的视听序列。

此外，实验结果中的听觉内隐学习效应之所以更显著，可能是由于刺激是以时间序列呈现的。因为已有研究表明，听觉更适于时间序列的加工，听觉内隐学习好于视觉内隐学习（Saffran, 2002）。实验二 a 中同时输入的刺激除了感觉通道不同各方面都相同，且以时间序列方式呈现，所以听觉内隐学习效应可能更显著。

3. 视听双通道同时呈现不同语法规则时的内隐学习效应

实验二 b 在学习阶段同时呈现具有不同语法规则的视听刺激，而在测验阶段仅测视觉内隐学习或听觉内隐学习，结果发现，学习者同样能够成功地习得听觉和视觉序列。如前所述，如果视觉内隐学习和听觉内隐学习有共同的学习机制，那么视听学习成绩将会彼此相互作用和影响而不是彼此独立。神经电生理学的研究发现，当视听刺激一致时，脑活动增强，当视听刺激不一致时，脑活动受到强烈抑制（Hertrich, Mathiak, Lutzenberger& Ackermann, 2009）。由此可推断，当学习阶段的视听刺激是不同的语法规则时，由于脑活动受到抑制将会影响内隐学习成绩，在本研究中则表现为双通道内隐学习的测验正确率将比单通道内隐学习的测验正确率有所衰减才符合上述理论。Conway 和 Christiansen（2006）的研究也发现，认知维度相似的序列刺激由于相互干扰，会消减至少一个通道的测验正确率。然而，实验二 b 的结果显示双通道和单通道的内隐学习效应没有显著差异，这种无差异表明，同时进行多通道内隐学习时，一个通道的信息输入并不影响另一个通道的学习，这一结果再次佐证了实验二 a 的推论，即多重感觉通道内隐学习机制是可能存在的。这一推论与 Seitz 等人（2007）的观点一致，而与内隐学习感觉通道独立性或抽象表征的结论（Altmann, Dienes & Goode, 1995）是不一致的。

此外，尽管实验二 b 中视觉序列的学习成绩略优于听觉序列，但由于这种差异并不显著，有可能是由偶然因素所导致。例如，注意资源的分配在内隐学习过程中起着重要作用（Krogh, Vlach & Johnson, 2012），尽管一些研究认为内隐学习是自动发生的过程（Saffran, Newport, Aslin, Tunick & Barrueco, 1997），但也有一些研究者认为内隐学习既是自动化的过程也是有意识的过程（Turk-Browne, Jungé & Scholl, 2005），自动化体现在被试并不是有目的地学习内隐规则，也就是无意识地习得了内隐规则；有意识体现在被试对注意过的信息流的内隐学习好于没有注意过的信息流（Toro, Sinnett & Soto-Faraco, 2005; Emberson et al., 2011）。

Turk-Browne 等（2005）在实验中给被试交错呈现两种不同颜色的图形序列，指导被试仅注意一个颜色的序列，结果发现只有该颜色的序列结构被习得。从这一结果来看，注意或许是影响内隐学习的因素之一。当两个不同规则的视听刺激同时呈现时，被试可能无意识地更多地注意了视觉呈现，因此表现出了对颜色序列的更多学习。然而，仅仅依赖注意资源的分配又无法解释实验二a 的结果，在实验二 a 中视觉序列的学习成绩又略低于听觉序列。因此，注意资源分配也许仅仅是其中的偶然因素之一，未必是影响视听双通道内隐学习效应的关键因素。

综合整个研究来看，视听双通道同时呈现相同语法或不同语法时，学习者均能同时学习到两个不同感觉通道的信息流。如果视听刺激同时呈现时，把一个通道的信息看作是另一个通道的背景信息，则实验二 a 和实验二 b 的结果又支持了 Jiménez 和 Vázquez（2011）的实验结论。Jiménez 等在考察背景线索是否会影响内隐序列学习时，发现被试能够同时内隐地习得背景线索和序列结构，且背景线索的学习和内隐序列结构的学习并不抢占中央认知资源。这也为内隐学习并行存在多重学习系统提供了证据，同时又体现了内隐学习具有心理资源节约性、无意识性、自动概括性等特点。

本研究将前人单感觉通道内（考察被试是否能够同时跟踪图形和颜色，或无意义音节和音频）的研究工作（Gebhart et al., 2009; Weiss et al., 2009; Mitchel & Weiss, 2010）拓展到了双感觉通道之间进行比较，实现了视听双通道同步内隐学习，研究结果为内隐学习的感觉通道特异性知识表征观提供了新的证据。

当然，本研究还存在一些不足。因为内隐学习不仅具有感觉通道效应，而且具有时空效应，本研究仅探讨了前者，并没有将二者结合起来进行研究，也许在不同的刺激呈现速度和不同的空间呈现下，内隐学习的通道效应还会有不同的表现形式。因此，未来的研究应尽量将二者结合起来进行。此外，本研究试图分析双通道内隐学习效应的作用机制，仅是从理论上去推导，为了进一步证实双通道内隐学习的产生是否源于多重学习系统的存在，未来将结合神经生理学和神经影像学的证据来进一步考察。

六、结论

单感觉通道的视觉内隐学习和听觉内隐学习均发生，这与 Conway 和 Christiansen（2005）的研究结论一致；双通道的内隐学习具有和单通道近乎一样的学习效应，被试能够同时跟踪呈现在视听两个感觉通道且不论规则是否相同的两套序列，表明学习者具有多重感官的内隐学习能力；而多重感官的内隐学习可以同时且独立发生，也许能表明多重学习子系统的存在。本研究的结果支持内隐学习的通道特异性特点，挑战了抽象表征的传统理论。

第六章

内隐学习神经表征研究

本章将行为实验与 ERP 技术相结合，继续深入探讨内隐学习所获得的知识在多大程度上是感觉通道依赖的（modality-dependent）或是抽象表征的（abstract representation）。结果发现，行为指标没有差异，神经测量指标中的波幅和潜伏期也没有显著差异。研究表明：双通道的内隐学习具有和单通道近乎一样的学习效应，被试能够同时跟踪呈现在视听两个通道且不论规则是否相同的两套序列，再次表明学习者具有多重感官同时内隐学习的能力，以及多重学习子系统可能存在。本研究的结果进一步支持了内隐学习具体表征的观点，揭示了内隐学习“一心多用”背后的神经表征机制。

一、单通道的内隐学习效应

1. 问题提出

Barr（2007）认为人类是通过不断提取反复出现的规则或模式，建立起事物间的联系并且构建出组块，而预测则是根据这些已经在头脑中建立起来的事物之间的固有的稳定关系进行的。这种学习广泛存在于各个认知过程中，从知觉模式、运动序列到语言结构和社会构建均存在着这种联结学习。这种学习的发生往往不需要花费意志努力，学习者也没有清晰地意识到这种学习的发生。通过这种无意识地学习，大脑能够学习到环境中的一致性和趋势，并根据这种一致性和趋势来预测即将发生的事件。这种无意识的学习其实质就是对序列的内隐学习。Christiansen 等（2012）认为序列学习学到的是一种规则，根据这种规则人类可以预测即将要发生的事件。

人工语法学习是按照限定状态的语法产生一系列的序列，让被试经过短时间的学习之后，对符合语法与违反语法的序列进行区分，只要被试的正确区分率在概率水平以上且没有意识到规则的存在。这个范式被用来研究内隐学习的发生（Kepinska et al., 2016; Reber, 1967）和语言的获得（Gómez & Gerken, 2000；Silva, Folia, Hagoort & Petersson, 2016）。人工语法学习研究发现，经受过训练并表现良好的被试在遇到违反规则的序列结构时，会引发 ELAN—P600 的脑电反应，进一步的研究还发现，人工语言在不同的结构级别违反规则时，比如局部违反和更高级的违反会引发分布于脑后部的与 P600 很相似的脑电波（Bahlmann et al., 2006; Cho, Szkudlarek & Tabor, 2016）。P600 效应不是自然语言所特有的。P600 广泛存在于序列学习过程中，是表征序列是否违反规则或学习者预期的指标，也是整合新异刺激到已有序列背景所花费的认知代价的指标。尽管早期阶段人工语法学习和自然语言的学习有不同的脑电反应，但都观测到了相似的 N400 和 P600 效应。

综上所述，无论是自然语言还是人工语言，无论是语义刺激还是无语义的刺激，无论是语法结构的局部违反还是更高级的违反，预期违反均会引发 P600 效应，预期违反所引发的 P600 具有一定的共同性，由此可推论 P600 效应具有刺激共同性。而研究表明内隐学习的表征具有通道特异性（Siegelman & Frost, 2015; Siegelman, Bogaerts, Christiansen & Frost, 2017）。那么，表征的通道特异性是否会影响预期违反的共同性呢？也就是说，对于在不同通道输入的刺激，预期违反所引发的 P600 又有怎样的相同或相异？未见文献对此进行探讨。研究一探讨不同通道的预测违反的神经加工机制。

2. 实验三 a　视觉内隐学习

（1）实验目的。

测量视觉单通道的内隐学习，并和概率水平相比较，检验视觉内隐学习效应。

（2）方法。

①被试。

随机选取在校研究生 20 名，年龄在 25~32 岁，右利手，视听正常，无神经病史，以前均未参加过类似实验。

②实验材料与仪器。

实验仪器为电脑。采用 E-prime 进行编程。实验材料是 5 个字母（A, B, C, D, E），分别对应 5 种动物（老虎、狮子、大象、骏马、山羊），即 A 对应老虎，B 对应狮子，C 对应大象，D 对应骏马，E 对应山羊。5 种动物中，老虎和狮子各 1 个；大象有 2 个，分别为黑象（C1）和灰象（C2）；骏马有 3 个，分别为白马（D1）、黑马（D2）和红马（D3）；山羊有 3 个，白羊（E1）、黑羊（E2）、灰羊（E3）。因此，总共是 10 个字母符号对应 10 个动物。

学习阶段根据人工语法（AG）（见图 6-1）（Christiansen et al., 2012）产生 48 个动物序列用于学习阶段（附录 1），80 个不同于学习阶段的合法的新序列和 80 个不合法序列（不合法的序列根据合法序列产生，违反规则发生在第三个位置）（附录 2）用于测验阶段。

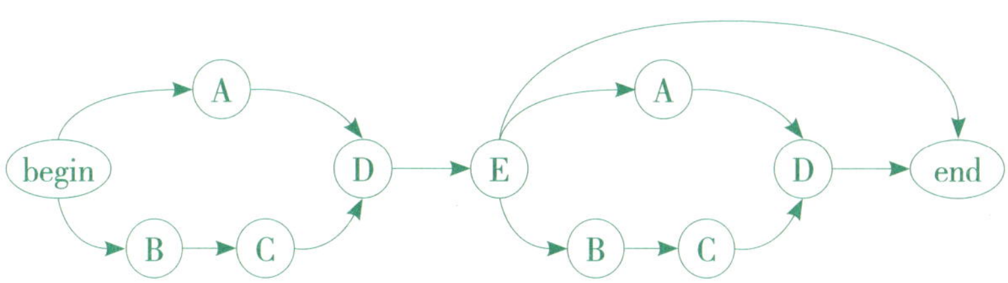

图 6-1　人工语法图

根据语法（见图 6-1）可以产生很多个序列，每个动物和语法图上的字母相匹配。因此，视觉刺激包括一个动物序列，例如语法 A，D，E，B，C，D 对应的一个可能的动物序列就是（图 6-2）：老虎—白马—黑羊—狮子—黑象—黑马。

图 6-2　序列顺序示例

③实验设计与程序。

实验包括学习和测验两个阶段。

学习阶段，要求被试对呈现在电脑屏幕上的序列进行学习。序列元素逐一呈现，每个元素呈现 1000ms，前后呈现的元素之间的时间间隔是 300ms。每个序列呈现 3 次，共 144 个 trials。为了防止被试在实验过程中产生枯燥感，我们采用生动的动物图片和故事性的指导语，以保证收集较好质量的脑电信号。学习阶段指导语：托马斯带着他的马戏团，开着火车到各个城市去表演，一共到达了 144 个城市，每到一个城市，托马斯会让他的动物们表演。接下来你会在电脑屏幕上看到动物序列，每个序列是动物们在每个城市表演时的出场顺序，请你对这些出场顺序进行记忆，接下来会有一个测验。

测验阶段，呈现给被试的是新的序列，其中部分序列是按照同一个规则产生的，而其余序列与学习阶段规则不相同。每个序列呈现完毕之后出现一个提示，要求被试又快又准确地进行按键选择。被试按键反应后，呈现下一个序列。测验阶段的序列呈现时间与学习阶段相同。每个元素呈现 1000ms，前后呈现的元素之间的时间间隔是 300ms。测验阶段指导语：前面你看到的托马斯的动物在每个城市的出场顺序，都是遵循一定的规则的。接下来给你呈现新编排的出场顺序，其中有的和前面一样符合同一规则，有的违反规则，请你判断哪个符合规则，哪个违反规则，符合规则的请按 Q，违反规则的请按 P。请又快又准确地进行反应。

测验结束后，问被试在学习和测验阶段是否使用了什么策略或规则以考察其外显知识。

④ EEG 记录。

学习阶段不记录脑电，实验仪器为 NEUROSCAN 公司的脑电记录和分析系统。脑电记录时左、右侧乳突分别安放电极点 M1 和 M2。离线分析时，通过取左右两侧乳突 M1 和 M2 的加和平均值作为参考。接地点在前额 FPz 和 Fz 中点，采用 64 导电极帽记录脑电，同时记录水平眼（HEOG）和垂直眼电（VEOG）。每个电极处的头皮电阻保持在 10kΩ 以下。滤波带通为 0.1–100Hz，采样频率为 1000Hz/ 导。离线分析（off–lineanalysis）时，分析时程（epoch）为违反规则元素出现前 200ms（作为基线）和违反规则元素出现后 1000ms。自动校正眼电并排除其他伪迹，波幅大于 ±100μV 在叠加时被自动剔除。对符合规则、违反规则两种条件诱发的脑电分别进行叠加和平均，每种条件叠加次数在 40 次以上，所得 ERPs 经 30Hz（24Db/oct）的无相移低通数字滤波，以违反规则元素出现前的均值校正基线。正式实验开始之前给被试展示眨眼、动下颌时对脑电的影响，告知被试尽量减少身体各个部位的动作。

（3）结果与分析。

①行为数据。

将视觉测验成绩（$M=0.88\pm0.10$）与概率水平（50%）相比较，单样本 t 检验发现，视觉学习成绩与概率水平差异显著，视觉测验成绩显著好于概率水平，$t_{(19)}=16.83$，$p<0.001$，$d=3.766$。表明视觉内隐学习效应发生。

② ERP 数据。

根据文献（Christiansen et al., 2012; Van Herten, Kolk & Chwilla, 2005），选定 6 个脑区作为分析对象，每个脑区包含 6 个电极点，分别是左前（F1, F3, F5, FC1, FC3, FC5）、右前（F2, F4, F6, FC2, FC 4, FC 6）、左中（C1, C3, C5, CP1, CP3, CP5）、右中（C2, C4, C6, CP2, CP4, CP6）、左后（P1, P3，P5, PO3, PO5, O1）、右后（P2, P4, P6, PO4, PO6, O2），在 500~700 ms 和 700~900 ms 两个时间窗对每个区的平均电压值进行分析。研究假设是：当测验阶段出现与学习阶段语法不一致的序列时，会引发 P600 这一成分。本实验目的是考察语法合乎与否对 P600 的影响，因此数据分析只关注与语法性有关的结果。

1）500~700 ms 波幅。

表 6-1　500~700 ms ERP 波幅描述统计（$M \pm SD$）

	前		中		后	
	左侧	右侧	左侧	右侧	左侧	右侧
符合规则	−0.73±3.75	0.00±3.40	1.53±3.16	2.08±2.84	2.12±2.72	2.71±2.43
违反规则	0.44±2.61	1.81±2.91	2.78±2.83	3.69±3.32	2.96±2.89	3.63±3.13

各个脑区波幅的描述统计见表 6–1。2（语法：符合规则 / 违反规则）×3（位置：前 / 中 / 后）×2（偏侧化：左 / 右）方差分析结果发现，语法主效应显著，$F_{(1,\ 19)}=8.404$，$p=0.009$，$\eta^2=0.307$，违反规则的序列比符合规则的序列引发更大的波幅，表明 P600 效应的发生；语法与位置的交互作用不显著，$F_{(2,\ 38)}=1.729$，$p=0.191$；语法与偏侧化的交互作用不显著，$F_{(1,\ 19)}=0.975$，$p=0.336$；语法与位置、偏侧化的交互作用不显著，$F_{(2,\ 38)}=1.172$，$p=0.321$。

2）700~900 ms 波幅。

表 6-2　700~900 ms ERP 波幅描述统计（$M \pm SD$）

	前		中		后	
	左侧	右侧	左侧	右侧	左侧	右侧
符合规则	−1.03±4.23	1.67±3.27	0.82±3.17	2.38±2.49	1.04±2.63	1.82±2.44
违反规则	−0.64±2.89	2.95±2.34	2.31±2.52	3.70±2.29	1.86±2.39	2.63±2.77

各个脑区波幅的描述统计见表 6–2。2（语法：符合规则 / 违反规则）×3（位置：前 / 中 / 后）×2（偏侧化：左 / 右）方差分析发现，语法主效应显著，$F_{(1,\ 19)}=8.178$，$p=0.010$，$\eta^2=0.301$，违反规则的序列比符合规则的序列引发更大的波幅，表明 P600 效应发生；语法与位置的交互作用不显著，$F_{(2,\ 38)}=1.581$，$P=0.219$；语法与偏侧化的交互作用不显著，$F_{(1,\ 19)}=0.163$，$p=0.691$；语法与位置、偏侧化的交互作用不显著，$F_{(2,\ 38)}=0.499$，$p=0.611$。结果如图 6–3 所示。

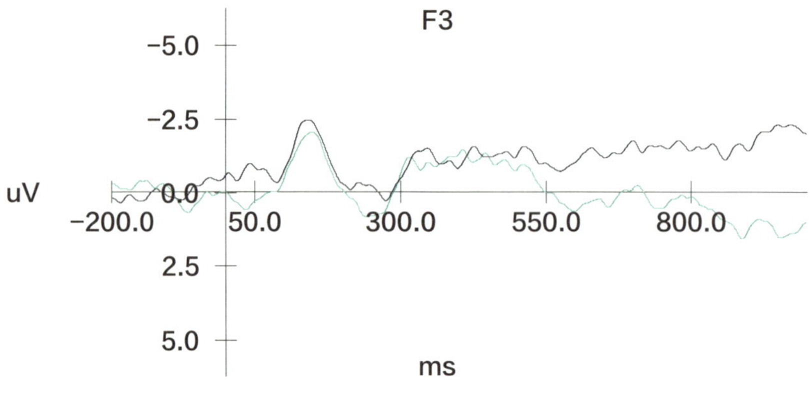

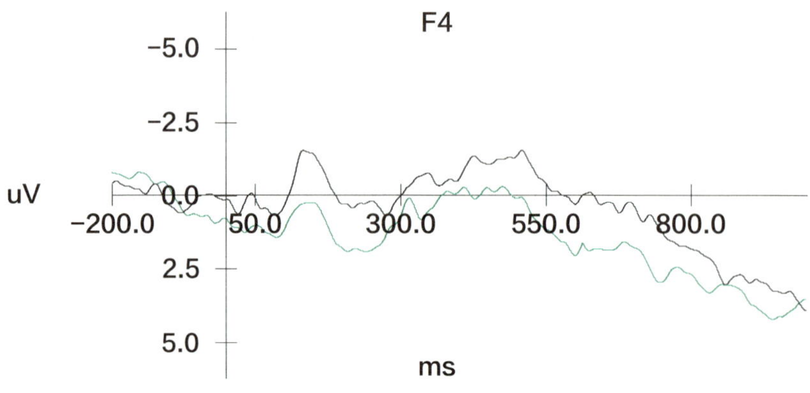

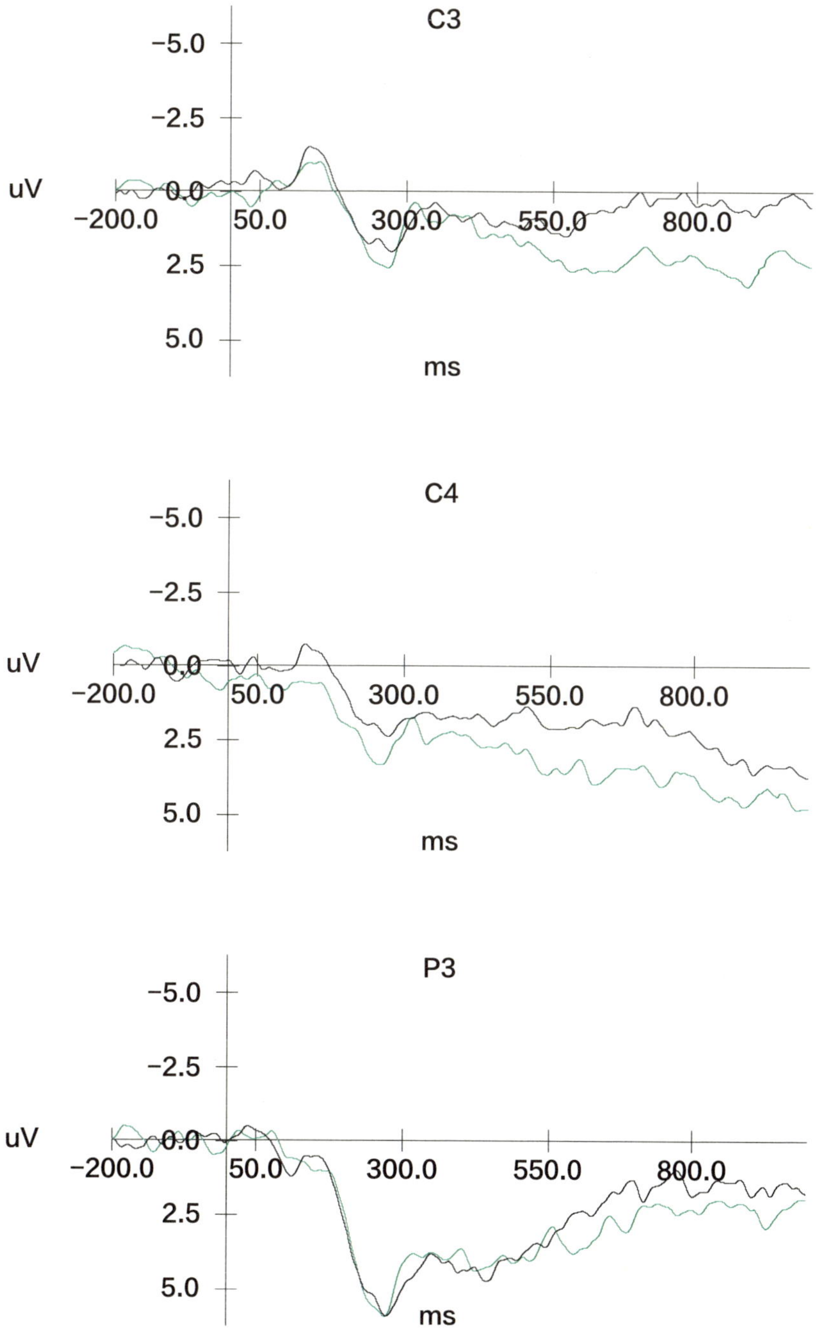
C3
-5.0
-2.5
uV
0.0
-200.0
50.0
300.0
550.0
800.0
2.5
5.0
ms
C4
-5.0
-2.5
uV
0.0
-200.0
50.0
300.0
550.0
800.0
2.5
5.0
ms
P3
-5.0
-2.5
uV
0.0
-200.0
50.0
300.0
550.0
800.0
2.5
5.0
ms

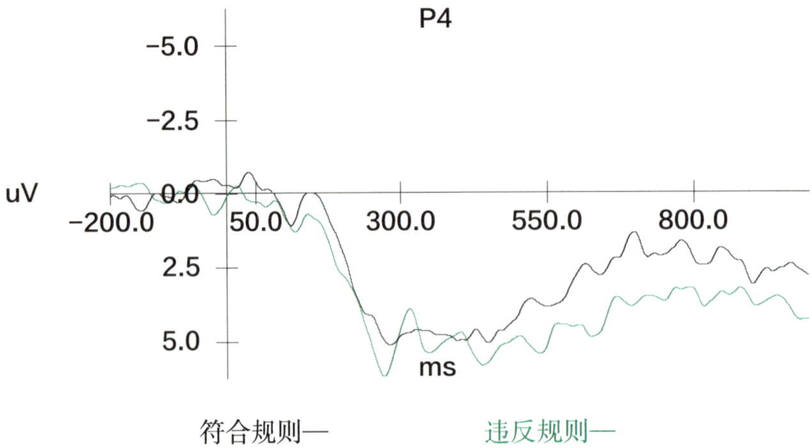

图 6-3　视觉 ERP 总平均波形图

3. 实验三 b　听觉内隐学习

（1）实验目的。

测量听觉单通道的内隐学习，并与概率水平相比较，检验听觉内隐学习效应。

（2）方法。

①被试。

随机选取在校研究生 22 名，选取标准同实验三 a。

②实验材料与仪器。

实验仪器为电脑，需要配备耳机、麦克。采用 E-prime 进行编程。实验材料与实验三 a 同，学习与测试项均与实验三 a 相同。唯一不同的是动物图片改成了听觉呈现的动物名称。

③实验设计与程序。

与实验三 a 相同。

④ EEG 记录。

与实验三 a 相同。

（3）结果与分析。

①行为数据。

将听觉测验成绩（M=0.71±0.16）与概率水平相比较，单样本 t 检验发现，听觉学习与概率水平差异显著，听觉测验成绩显著好于概率水平，$t_{(21)}=6.292$，$p<0.001$，$d=1.340$。表明听觉内隐学习效应发生。

将听觉与视觉学习相比较，独立样本 t 检验发现，视觉与听觉差异显著，$t_{(40)}=4.136$，$p<0.001$，$d=1.240$。表明内隐学习具有通道特异性。

② ERP 数据。

1）500~700ms 波幅。

表 6-3 500~700ms ERP 波幅描述统计（$M\pm SD$）

	前		中		后	
	左侧	右侧	左侧	右侧	左侧	右侧
符合规则	−2.73±3.31	0.32±4.39	−1.82±2.55	0.60±3.38	−0.78±2.13	0.76±2.68
违反规则	−1.41±3.83	0.70±4.07	−0.55±2.99	1.12±2.87	0.25±2.18	1.28±2.35

各个脑区波幅的描述统计见表 6–3。2（语法：符合规则 / 违反规则）×3（位置：前 / 中 / 后）方 ×2（偏侧化：左 / 右）方差分析

发现，语法主效应显著，$F_{(1, 21)}=4.516$，$p=0.046$，$\eta^2=0.177$，违反规则的序列比符合规则的序列引发更大的波幅，表明P600效应发生。

语法与位置的交互作用不显著，$F_{(2, 42)}=0.048$，$P=0.953$；语法与偏侧化的交互作用不显著，$F_{(1, 21)}=2.985$，$p=0.099$；语法与位置、偏侧化的交互作用不显著，$F_{(2, 42)}=0.887$，$p=0.419$。

2）700~900ms 波幅。

表 6-4　700~900ms ERP 波幅描述统计（$M \pm SD$）

	前		中		后	
	左侧	右侧	左侧	右侧	左侧	右侧
符合规则	−3.84±3.65	−0.78±4.39	−2.34±2.67	−0.10±3.03	0.82±2.18	0.35±2.66
违反规则	−2.60±4.29	0.02±3.74	−0.99±3.33	0.74±2.72	0.34±2.74	1.25±2.62

各个脑区波幅的描述统计见表6-4。2（语法：符合规则 / 违反规则）×3（位置：前 / 中 / 后）方 ×2（偏侧化：左 / 右）方差分析发现，语法主效应显著，$F_{(1, 21)}=5.630$，$p=0.027$，$\eta^2=0.211$，违反规则的序列比符合规则的序列引发更大的波幅，表明 P600 效应的发生。

语法与位置的交互作用不显著，$F_{(2, 42)}=0.015$，$p=0.985$；语法与偏侧化的交互作用不显著，$F_{(1, 21)}=1.021$，$p=0.324$；语法与位置、偏侧化的交互作用不显著，$F_{(2, 42)}=0.261$，$p=0.771$。结果见图 6-4 所示。

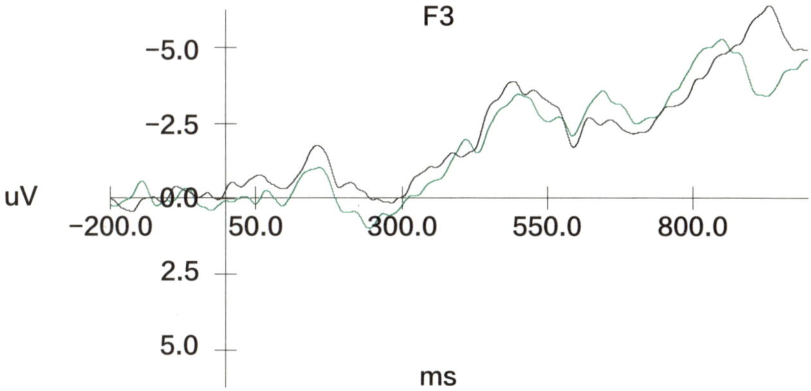
F3
uV
−5.0
−2.5
0.0
2.5
5.0
−200.0
50.0
300.0
550.0
800.0
ms

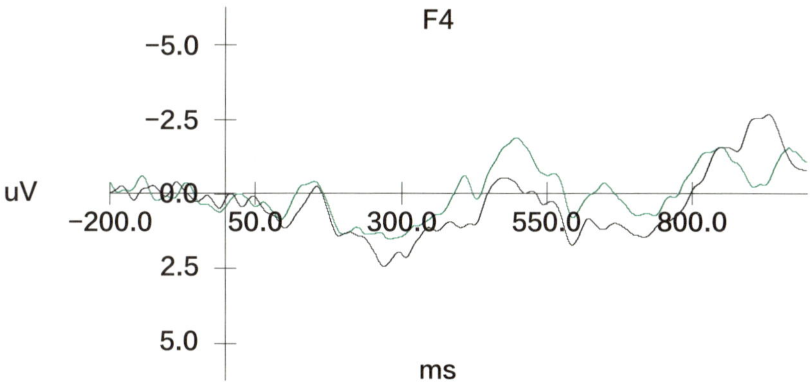
F4
uV
−5.0
−2.5
0.0
2.5
5.0
−200.0
50.0
300.0
550.0
800.0
ms

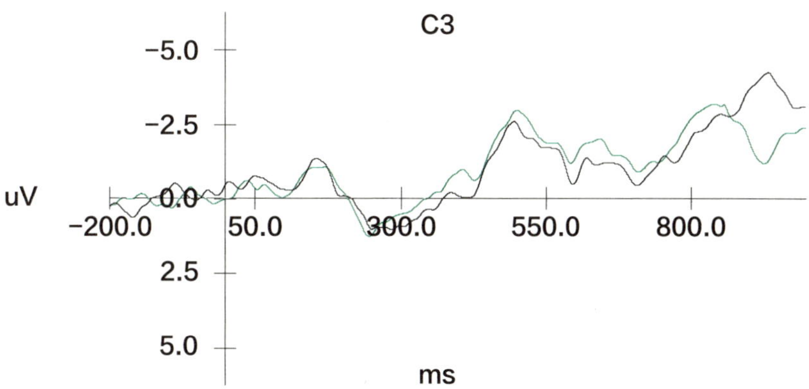
C3
uV
−5.0
−2.5
0.0
2.5
5.0
−200.0
50.0
300.0
550.0
800.0
ms

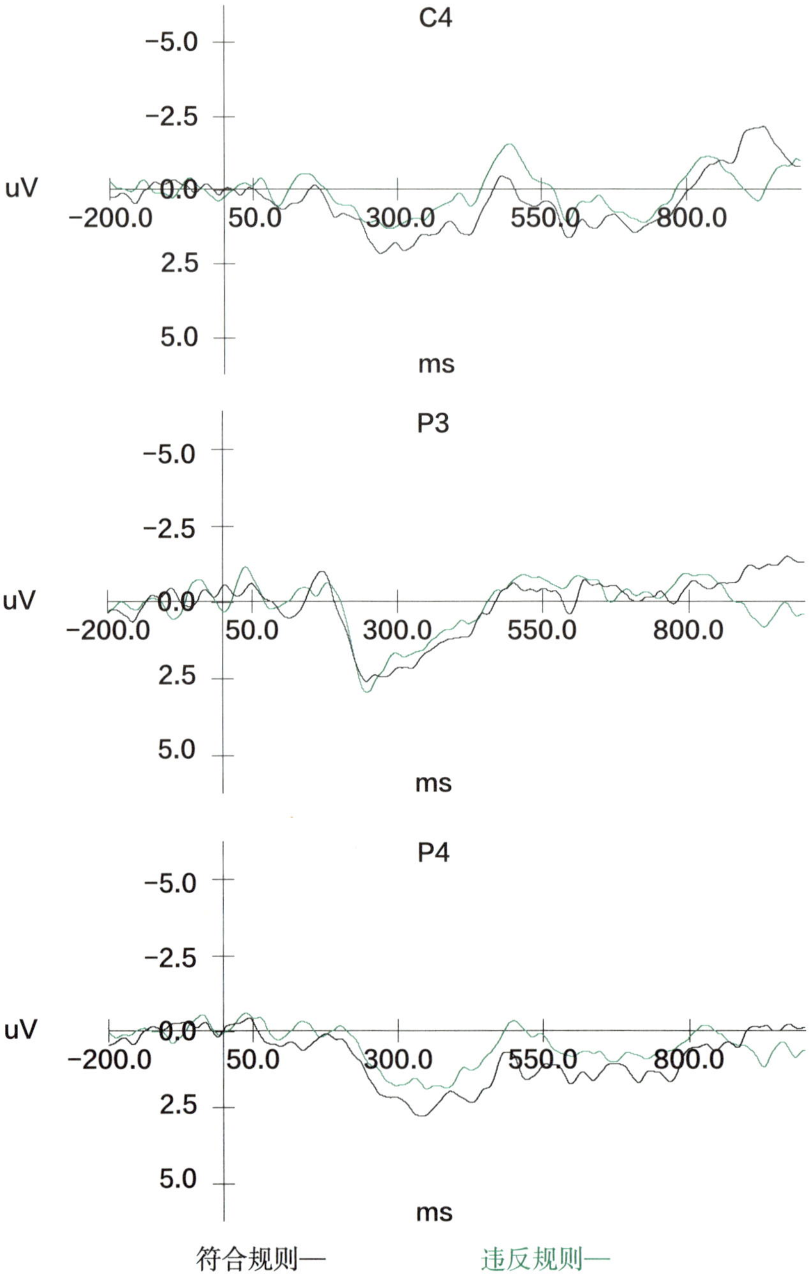

图 6-4　听觉 ERP 总平均波形图

3）500~700 ms 波幅跨实验的比较。

2（通道：视觉 / 听觉）×3（位置：前 / 中 / 后）×2（偏侧化：左 / 右）的方差分析发现，通道的主效应显著，$F_{(1,\ 40)}=5.602$，$p=0.023$，$\eta^2=0.123$，视觉振幅大于听觉振幅。

通道与位置的交互作用显著，$F_{(2,\ 80)}=4.023$，$p=0.022$，$\eta^2=0.091$。对通道与位置两因素进行简单效应分析，结果发现，视觉和听觉在中部脑区的波幅差异显著，$F_{(1,\ 40)}=7.88$，$P=0.008$；在后部脑区引发的波幅差异亦显著，$F_{(1,\ 40)}=10.99$，$p=0.002$，但前部脑区的波幅差异不显著，$F_{(1,\ 40)}=0.66$，$p=0.422$。

通道与偏侧化的交互作用显著，$F_{(1,\ 40)}=5.841$，$p=0.020$，$\eta^2=0.127$。对通道与偏侧化两因素进行简单效应分析，结果发现，视觉和听觉在左侧脑区的波幅差异显著，$F_{(1,\ 40)}=10.84$，$p=0.002$；视觉和听觉在右侧脑区的波幅差异不显著，$F_{(1,\ 40)}=1.27$，$p=0.266$。

通道与位置、偏侧化的交互作用显著，$F_{(2,\ 80)}=3.184$，$p=0.047$，$\eta^2=0.074$。对三因素交互作用进行简单效应分析，结果发现，在前部左侧脑区视觉和听觉引发的波幅差异边缘显著，$F_{(1,\ 40)}=3.36$，$p=0.074$；视觉和听觉在中部左侧脑区的波幅差异显著，$F_{(1,\ 40)}=14.53$，$p=0.007$；视觉和听觉在后部左侧脑区的波幅差异显著，$F_{(1,\ 40)}=14.91$，$p<0.001$。视觉和听觉在右侧三个脑区的波幅差异均不显著。

4）700~900 ms 波幅跨实验的比较。

2（通道：视觉 / 听觉）×3（位置：前 / 中 / 后）×2（偏侧化：

左 / 右）的方差分析发现，通道的主效应显著，$F_{(1,\ 40)}=9.250$，$p=0.004$，$\eta^2=0.188$，视觉振幅大于听觉振幅。

通道与位置的交互作用不显著，$F_{(2,\ 80)}=1.875$，$p=0.160$；通道与偏侧化的交互作用不显著，$F_{(1,\ 40)}=0.438$，$p=0.512$；通道与位置、偏侧化的交互作用不显著，$F_{(2,\ 80)}=0.182$，$p=0.834$。见图 6-5 所示。

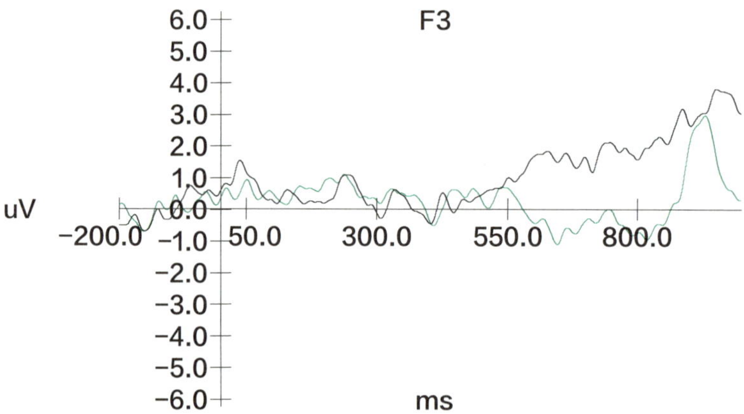

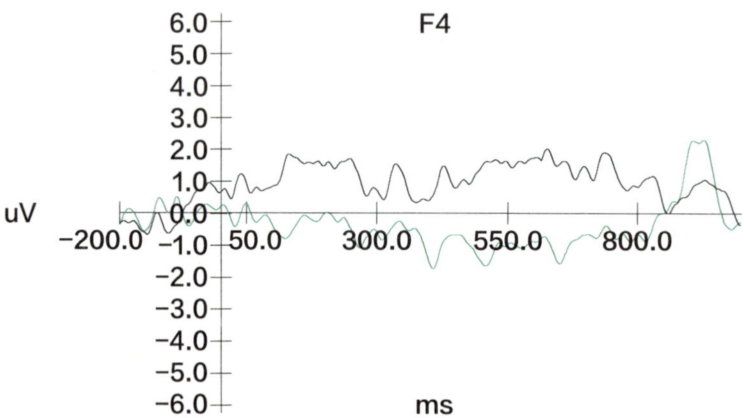

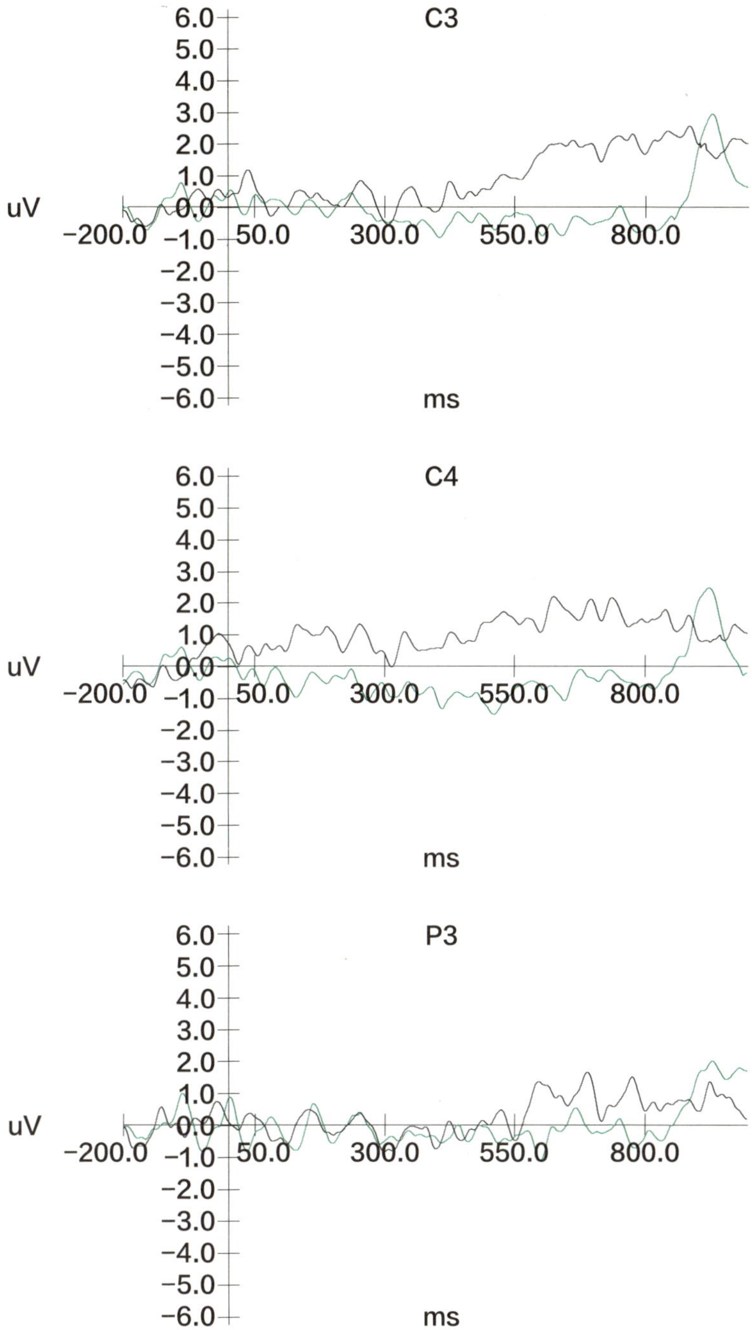
C3
uV
ms
C4
uV
ms
P3
uV
ms

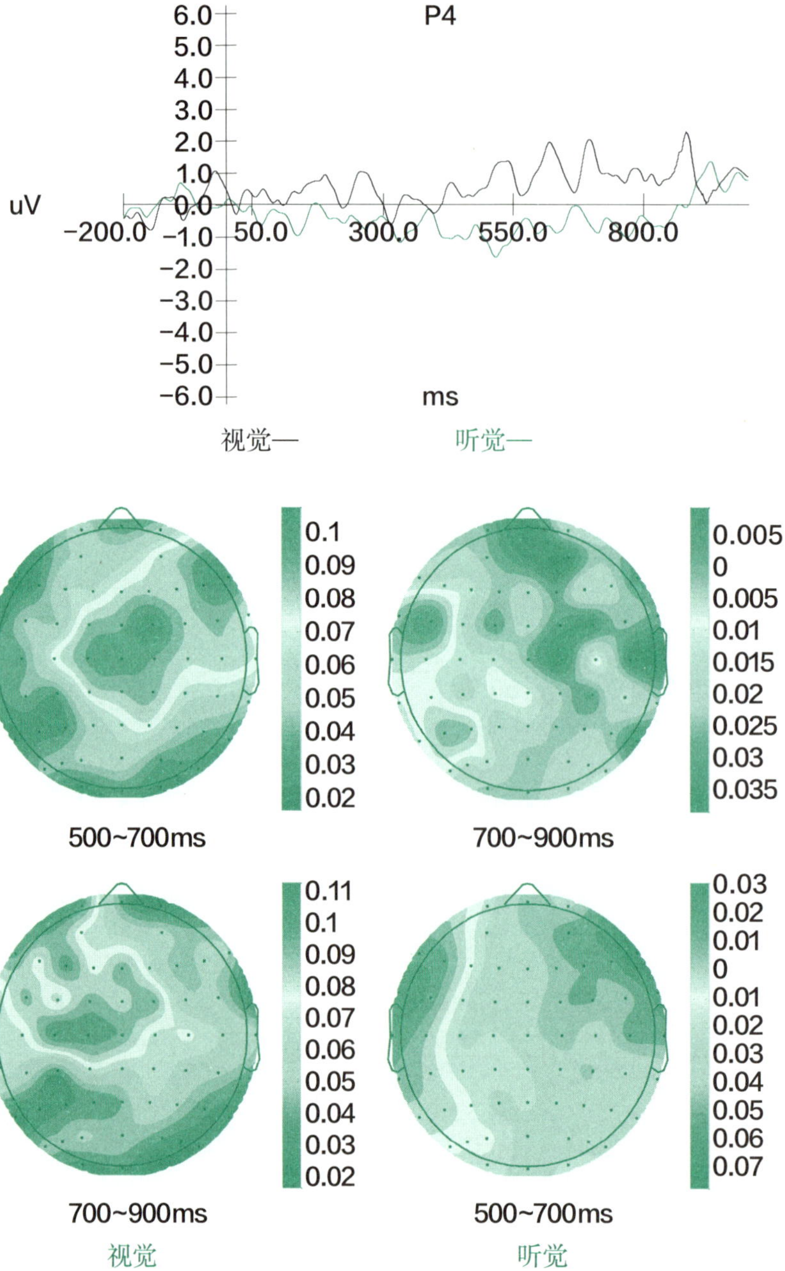

图 6-5　视觉和听觉的差异波比较

5）500~700 ms 潜伏期跨实验的比较。

2（通道：视觉 / 听觉）×3（位置：前 / 中 / 后）×2（偏侧化：左 / 右）的方差分析发现，通道的主效应显著，$F_{(1, 40)}=7.683$，$p=0.008$，$\eta^2=0.152$，听觉潜伏期长于视觉潜伏期。

通道与位置的交互作用不显著，$F_{(2, 80)}=2.883$，$p=0.061$；通道与偏侧化的交互作用不显著，$F_{(1, 40)}=3.963$，$p=0.053$；通道与位置与偏侧化的交互作用不显著，$F_{(2, 80)}=2.321$，$p=0.104$。

6）700~900 ms 潜伏期跨实验的比较。

2（通道：视觉 / 听觉）×3（位置：前 / 中 / 后）×2（偏侧化：左 / 右）的方差分析发现，通道的主效应显著，$F_{(1, 40)}=23.208$，$p=0.000$，$\eta^2=0.351$，听觉潜伏期长于视觉潜伏期。

通道与位置的交互作用不显著，$F_{(2, 80)}=2.893$，$p=0.061$。

通道与偏侧化的交互作用显著，$F_{(1, 40)}=6.186$，$p=0.017$，$\eta^2=0.126$。对通道与偏侧化两因素进行简单效应分析，结果发现，视觉和听觉潜伏期在左侧脑区差异显著，$F_{(1, 40)}=30.26$，$p<0.001$；在右侧脑区差异也显著 $F_{(1, 40)}=7.58$，$p=0.009$。

通道与位置、偏侧化的交互作用显著，$F_{(2, 80)}=5.832$，$p=0.004$，$\eta^2=0.119$。对通道、位置与偏侧化三因素进行简单效应分析，结果发现，视觉和听觉潜伏期在前部左侧脑区差异显著，$F_{(1, 40)}=19.39$，$p<0.001$；在前部右侧脑区差异也显著，$F_{(1, 40)}=23.10$，$p<0.001$；在中部左侧脑区差异显著，$F_{(1, 40)}=45.08$，$p<0.001$；在中部右侧差异不显著，$F_{(1, 40)}=0.45$，$p=0.508$；在后部左侧脑区差异显著，$F_{(1, 40)}=8.76$，$p=0.004$，

后部右侧差异不显著 $F_{(1,\ 40)}=3.59$，$p=0.066$。

4. 讨论

行为实验结果显示，视觉内隐学习好于听觉内隐学习。分析其原因，这源于视觉更适于空间序列的加工，而听觉更适于时间序列的加工（Conway & Christiansen, 2009; Schapiro, Gregory, Landau, McCloskey & Turk–Browne, 2014）。尽管实验中的序列无论是听觉还是视觉均是按序呈现，但是由于序列元素呈现的速度为 1 个元素 /1000 ms，使得听觉呈现的时间序列感降低，因此导致了听觉的测验成绩不如视觉内隐学习。Emberson，Conway 和 Christiansen（2011）的实验发现，速度和通道具有交互作用，快速呈现条件将序列的每个元素呈现时间设置为 225ms，元素与元素之间的间隔为 150 ms，也就是 SOA 为 375ms 时，在这一条件下，听觉内隐学习好于视觉内隐学习；慢速条件将序列的每个元素呈现时间设置为 450 ms，元素与元素之间的间隔为 300 ms，也就是 SOA 为 750 ms 时，在这一条件下，视觉内隐学习好于听觉内隐学习。本研究将每个元素的呈现时间设置为 1000 ms，这个时间设置比 Emberson 等人的速度还要慢，但依然在时间序列认知组块的范围内（1.8~2s），所以视觉加工好于听觉。

ERP 数据显示，在 500~700 ms 还是 700~900 ms 的时段均可见 P600 效应。视听通道波幅差异显著，这支持了内隐学习通道特异性表征的观点。视觉振幅大于听觉振幅，表明视觉内隐学习加工比听觉内隐学习加工更深，在违反规则的元素出现时，与预期不符对视觉产生的冲击感更强，所以会引发视觉 P600 更大的振幅。不仅通道主效应显著，且通道与偏侧化交互作用显著，视觉和听觉 500~700 ms 在左侧脑区的波幅差异显著，视觉和听觉在右侧脑区的波幅差异不显著，表明视觉和听觉内隐学习的差异主要源于左侧脑区的参与程度不同。进一步的比较发现，通道差异体现在左侧的中部和后部，这表明视觉和听觉内隐学习神经机制的差异主要源于左侧中后部脑区的激活程度不同。有研究者在对语言一致性和序列规则违反进行神经机制的比较时发现，内隐学习的规则违反所引发的 P600 效应主要体现在中后部脑区（Christiansen et al., 2012），本研究与已有研究结果一致。

本研究除了比较振幅之外，还对潜伏期进行了比较，结果发现，视听通道的 ERP 潜伏期在两个时段差异均显著，听觉潜伏期要长于视觉潜伏期。这再次表明视觉加工具有优势效应，支持了通道特异性表征的观点。700~900 ms 的时段，P600 的通道差异主要表现在前部的双侧、中部的左侧和后部的右侧，也就是视听通道的差异在前、中、后部脑区均有体现。这表明额叶、顶叶和枕叶均参与内隐学习。研究表明，额叶的神经活动与认知判断有关，对规则改变具有敏感性（Stuss et al., 2000）；而顶叶的神经活动与内隐知识的迁移有关（Seger & Cincotta, 2002）；枕叶与内隐学习过程中的再认任务有关，后枕下叶和梭形脑回的活动在符合语法规则的字符串任务中比不符合语法规则的字符串任务中显得更加活跃；而且在符合语法规则字符串任务中，后枕下叶的活动比枕中叶活动更频繁（郭秀艳，2003）。

通道特异性的或刺激特异性的观点得到很多研究的支持

（Julie Bertels, Destrebecqz & Franco, 2015; Mitchel, Christiansen & Weiss, 2014）。Chang 和 Knowlton（2004）在探讨刺激输入方式对内隐学习的影响时发现，内隐学习对刺激特征敏感，字体的改变会影响被试对字母串的内隐学习成绩。这表明至少学到的部分知识是刺激特异性。Conway 和 Christiansen（2005）采用振动、图片和音频为实验测料，分别测量了触觉、听觉和视觉内隐学习效应并对其进行了比较，发现不同的感觉通道下的内隐学习有很大差异。这些研究为内隐认知表征的刺激特异性或感觉通道特异性理论提供了有力的实证支持。而本研究则为通道特异性或刺激特异性提供了行为数据和 ERP 数据的双重支持。

在实验三 a 和实验三 b 中，我们询问被试是否根据特定的规则或策略进行判断。大多数被试报告说，他们的回答是“判断仅仅基于一个序列是熟悉还是相似”。这些口头报告表明，他们对序列是否合乎语法知之甚少。也有一些被试报告说，他们根据一个简单的规则做出判断。例如，“某些动物组合是不允许的”，或者“如果某些动物组合与学习阶段相同，我就判定为‘合乎语法’”。然而，没有一个被试能够报告出任何能够帮助其做出判断的具体规则。在这些口头报告的基础上，似乎没有证据表明被试能够明确意识到合法和非法序列之间的区别。

5. 结论

内隐学习具有通道特异性，视觉加工比听觉加工具有优势效应，表现为视觉比听觉测验正确率更高，视觉比听觉的 P600 具有更大的波幅，视觉比听觉的 P600 潜伏期更短。

二、双通道的内隐学习效应

1. 问题提出

人类具有一种不寻常的内隐学习能力，可以无意识地学到各个知识领域的潜在序列规则（Pavlidou & Williams, 2014; 郭秀艳，姜珊，凌晓丽，朱磊，唐菁华，2011）。

然而，内隐学习领域一个尚存在争论的重要问题是学习的机制，到底是具有领域共同性的单一系统还是由具有任务或刺激特异性的多个子系统构成的？无论是语言学习还是各种生活技能的学习，理解内隐学习运行机制对于有效应用各种隐性知识都至关重要。根据文献，有两类证据支持了前者。第一，许多研究表明内隐学习在各种不同任务或刺激形式下都能发生，比如语言类刺激、声调刺激、视觉场景、几何图形、颜色刺激、视觉运动序列学习都能够发生；第二，采用人工语法范式的研究表明，只要知识的构成规则相同，被试就能够将学习到的知识从一个领域迁移到另一个领域，例如通过视觉符号习得的知识可以迁移到听觉的无意义音节呈现的刺激（Attaheri et al., 2015; Conway & Pisoni, 2008）。因此，内隐学习被认为是抽象的知识表征方式，这种抽象表征不依赖于刺激的表面形式。

尽管有许多证据支持了领域共同性的内隐学习机制，但还是有理由认为内隐学习在一定程度上受到独立的、专门的认知神经机制的调节。第一，工作记忆包含多个通道特异的加工元件（processing component）（Barrett & Kurzban, 2006; Evans & Stanovich, 2013）。第二，知识的迁移可能会受到实验方法的干扰，即使这些干扰可以忽略不计，但知识迁移并不必然支持内隐学习获得的就是非模式化的知识（amodal knowledge）。第三，尽管内隐学习可以在不同种类的刺激任务中发生，但这并不一定表明内隐学习的发生机制是单一的、共同的系统。一个合乎逻辑的推理是，事实上可能存在着多个平行的内隐学习子系统，分别可以对各种刺激进行加工以获得其结构规则，这一观点得到了一些研究者的支持（Gebauer & Mackintosh, 2007; Schuchard & Thompson, 2017）。尽管有一些研究采用不同的刺激类型或者刺激输入模式去考察内隐学习的发生机制，例如在视觉、听觉、触觉分别呈现不同的刺激，而刺激的结构规则一致，结果支持了内隐学习知识特异性表征的观点（Conway & Christiansen, 2005; L. Erickson et al., 2016），但总体而言采用不同的刺激去考察内隐学习的发生是否具有特异性的研究还非常有限，采用的刺激类型也非常有限，且以往研究大多采用行为实验的方式考察内隐学习的表征方式或发生机制，其结论带有很强的推断性。

此外，多感官整合的相关研究表明，在某种程度上，信息可以在不同的感觉通道中得到并行处理。例如，被试可以同时对视听输入的信息进行监测，而没有任何受损的表现（Santangelo et al., 2010）。工作记忆研究的结果表明，当信息以视觉和听觉语言形式呈现时，信息会被单独编码，但也会观察到双通道（例如，视听刺激）的促进效应，从而改善记忆（Mastroberardino et al.,

2008）。尽管这些研究证明了多通道输入的信息流是通过注意、知觉和记忆机制进行处理的，但目前尚不清楚内隐学习在多大程度上支持这样的加工方式。

因此，有必要探讨内隐学习机制如何加工多通道同时输入的信息流（e.g., Selland Kaschak, 2009; Cunillera et al., 2010; Mitchel and Weiss, 2010, 2011; Thiessen, 2010; Shi et al., 2013; Mitchel et al., 2014; Walk and Conway, 2016）。多通道同时输入的信息在多大程度上是被独立加工的，可能是内隐学习存在多重通道特异性机制的最有力支持。也就是说，对于单一的中央学习机制，并行学习多个信息流似乎不可行；只有存在多重学习机制，才能彼此独立地学习和表征并行输入的信息流。

Conway 和 Christiansen（2006）在一系列实验中评估多重信息流的学习。在实验 1 的学习阶段，他们给被试呈现视听两个序列，这两个序列以交替的方式呈现，视觉序列由一个人工语法产生，听觉序列由另一个人工语法产生。测试阶段的序列是由每个语法生成的新的序列；对于每个被试来说，这两个语法生成的新的序列都只以视觉或听觉的形式呈现。结果显示，只有测验阶段呈现序列的通道与学习阶段呈现序列的通道一致的情况，被试才会认为这个序列为“合乎语法的序列”。表明内隐学习的发生与信息的输入模式紧密相关，而不是在抽象层面上发生的。Johansson（2009）对该问题做了进一步探讨，他延长被试的学习时间并假设被试可以实现抽象表征，即序列在测验阶段的呈现方式与学习阶段不一致时，被试也能够判定其为合法序列。然而，结果表明，即使增加了被试的学习时间，抽象表征依然没有发生。

然而由于这两个研究均采用的是交替呈现信息的方式，因此，并不是严格意义上的同时呈现，也就不能在严格意义上考察内隐学习是否以及如何进行同时加工。因此，为了证明多种感官通道可以同时且独立地学习序列规律，需要一种与之不同的设计。

在一项双通道设计的初步研究中，石文典等人（2013）采用同时呈现视觉和听觉序列的方式，考察了多通道输入的信息被独立加工的程度。他们发现，无论语法规则相同或不同，被试都可以同时习得呈现的规则，并且单通道的学习和多通道的学习之间没有显著差异。也就是说，如果内隐学习是单一学习系统，视听通道呈现相同规律的序列应该显示出增强的内隐学习效应，视听通道呈现不相同规则的序列应该显示出减弱的内隐学习效应。然而，事实上，视听通道呈现相同规律的序列时没有显示出增强的内隐学习效应，视听通道呈现不同规则的序列时也没有显示出减弱的内隐学习效应。表明人们可以同时习得呈现在不同通道的两套规则，即不同通道的学习可以独立且并行地发生。石文典等人（2013）的研究在分析双通道内隐学习效应的作用机制时，仅是从理论上去推导，为了进一步证实双通道内隐学习的产生是否源于多重学习系统的存在，需要结合神经生理学和神经影像学的证据来进一步考察。

事件相关电位（ERP）实验可以通过具有强时间分辨率的电

生理指标来反映内隐学习的过程特点，从而能够为内隐学习机制的解释提供更具有说服力的证据，但只有为数不多的研究采用 ERP 考察了内隐学习的时间进程和脑区激活的分布。有人将序列学习任务和语言加工任务相比较后发现，当违反语法或句子结构不一致时，两种任务均表现了相似的 P600 效应，且两种任务有相似的脑地形图分布。研究者据此认为语言类的句法加工和结构化模式的序列加工具有相同的认知神经机制（Christiansen et al., 2012; Ram Frost et al., 2015）。还有人对人工语言和自然语言两种任务相比较，也发现了类似的 P600 效应，无论是人工语言还是自然语言，当违反语法规则的结构出现时，两种任务都有相似的 N400 和 P600 效应出现，尽管两种任务在早期引发的 ERPs 有差异，这表明人工语言和自然语言至少部分地涉及同一神经加工机制。

虽然不同的学习任务产生了相同的 P600 效应，这在一定程度上支持了内隐学习抽象表征的观点，但这些 ERP 研究均是在单通道内对不同任务进行了比较。事实上，我们生活在多重感觉刺激的环境中，知觉环境很少局限于一个通道的刺激或一个信息源（Stein & Stanford, 2008），视觉和听觉很可能同时都在进行着内隐学习。因此，单通道的比较无助于感觉通道特异性机制问题的解决。本研究则是通过多通道内隐学习效应的比较对上述问题进行探讨。

本研究以人工语法学习为任务，在视听通道同时呈现具有相同规则或不同规则的序列，利用 ERP 的高时间分辨率考察双通道内隐学习的发生机制。如果内隐学习是一个统一的加工机制，双通道同时加工序列规则时则会互相影响，彼此增强或消减，如果内隐学习是多个平行且独立的子系统加工机制，双通道同时加工时则彼此互不影响。

2. 实验四 a　双通道的内隐学习——视听呈现相同语法规则

（1）实验目的。

在学习阶段同时呈现具有相同语法规则的视听刺激，在测验阶段仅测视觉内隐学习，如果视听内隐学习表现除了增强的内隐学习则表明内隐学习是一个统一的加工机制，这个统一的加工机制需要整合来自不同通道的信息。如果视听序列被平行独立地加工，则视听内隐学习互不影响，也不会出现增强的内隐学习效应。

（2）方法。

①被试。

随机选取在校本科生 32 名，选取标准同实验三 a。

②实验材料与仪器。

视觉刺激同实验三 a，听觉刺激同实验三 b；视听刺激由同一语法规则产生。

③实验设计与程序。

采用组间设计，将被试随机分为两组。学习阶段两组被试接受同样的学习，视觉刺激和听觉刺激同时呈现，视觉刺激与实验三 a 相同，序列呈现的是动物图片，听觉刺激与实验三 b 相同，序列呈现的是动物名称，两个通道的语法规则均同实验三。测试阶段，一组被试接受视觉测验，另一组被试接受听觉测验。其他程序均与实验三 a、b 相同。

④ EEG 记录。

与实验三 a、b 相同。

（3）结果与分析。

①行为实验结果。

将视听通道同时学习相同规则时的视觉测验（视觉Ⅱ）正确率（M=0.72±0.14）与概率水平相比较，单样本 t 检验发现，视觉学习与概率水平差异显著，$t_{(16)}=6.521$，$p<0.001$，$d=1.517$。

将视听通道同时学习相同规则时的听觉（听觉Ⅱ）测验正确率（M=0.64±0.12）与概率水平相比较，单样本 t 检验发现，听觉学习与概率水平差异显著，$t_{(14)}=4.631$，$p<0.001$，$d=1.190$。

将听觉Ⅱ与视觉Ⅱ相比较，独立样本 t 检验发现，视听学习差异不显著，$t_{(30)}=1.757$，$p=0.089$。

② ERP 实验结果。

1）视觉 500~700ms 波幅。

表 6-5　500~700ms ERP 波幅描述统计（$M \pm SD$）

	前		中		后	
	左侧	右侧	左侧	右侧	左侧	右侧
符合规则	0.31±1.98	0.48±2.20	2.15±2.08	1.98±2.01	2.20±2.42	2.45±2.40
违反规则	1.89±2.44	0.30±3.39	3.26±2.57	2.47±3.20	3.22±1.90	3.05±2.05

2（语法：符合规则 / 违反规则）×3（位置：前 / 中 / 后）方 ×2（偏侧化：左 / 右）方差分析发现（描述统计见表 6–5），语法主效应显著，$F_{(1,\ 15)}=6.694$，$p=0.021$，$\eta^2=0.309$，违反规则的序列比符合规则的序列引发了更大的波幅，表明 P600 效应发生。

语法与位置的交互作用不显著，$F_{(2,\ 30)}=0.036$，$p=0.965$；语法与偏侧化的交互作用不显著，$F_{(1,\ 15)}=2.538$，$p=0.132$；语法与位置、偏侧化的交互作用显著，$F_{(2,\ 30)}=6.205$，$p=0.006$。简单效应分析发现，符合规则与违反规则在前部左侧脑区波幅差异显著，$F_{(1,\ 15)}=24.77$，$p<0.001$，中部左侧脑区波幅差异显著，$F_{(1,\ 15)}=7.24$，$p=0.017$，后部左侧脑区波幅差异边缘显著，$F_{(1,\ 15)}=3.78$，$P=0.071$。右侧三个脑区差异均不显著，$Fs<1.79$，$ps>0.05$。表明双通道同时学习相同规则时，视觉内隐学习具有偏侧化效应，主要是左侧脑区参与视觉内隐学习。

2）视觉 700~900 ms 波幅。

表 6–6　700~900 ms ERP 波幅描述统计（$M \pm SD$）

	前		中		后	
	左侧	右侧	左侧	右侧	左侧	右侧
符合规则	−0.54±1.94	0.50±2.23	1.06±1.91	1.42±2.00	1.15±2.30	1.50±2.31
违反规则	1.70±3.21	1.81±3.60	2.79±3.29	2.98±3.88	2.28±2.20	2.43±2.55

2（语法：符合规则 / 违反规则）×3（位置：前 / 中 / 后）方 ×2（偏侧化：左 / 右）方差分析发现（描述统计见表 6–6），语法主效应显著，$F_{(1,\ 15)}=8.023$，$p=0.013$，$\eta^2=0.348$，违反规则的序列比符合规则的序列引发了更大的波幅，表明 P600 效应发生。

语法与位置的交互作用不显著，$F_{(2,\ 30)}=2.019$，$p=0.150$；语法与偏侧化的交互作用不显著，$F_{(1,\ 15)}=0.732$，$p=0.406$；语法与位置、偏侧化的交互作用不显著，$F_{(2,\ 30)}=2.321$，$p=0.116$。见图 6–6 所示。

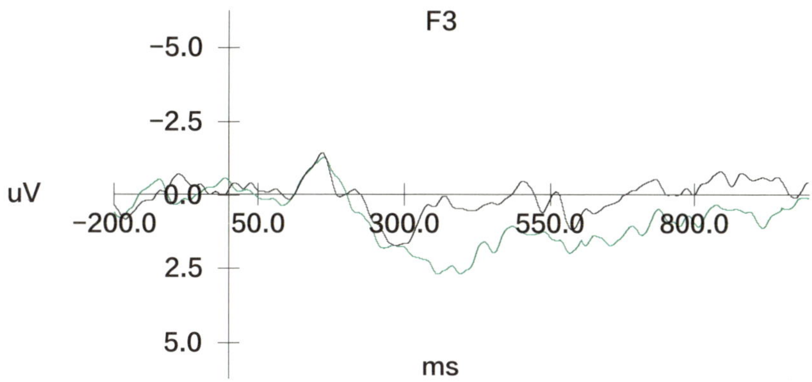

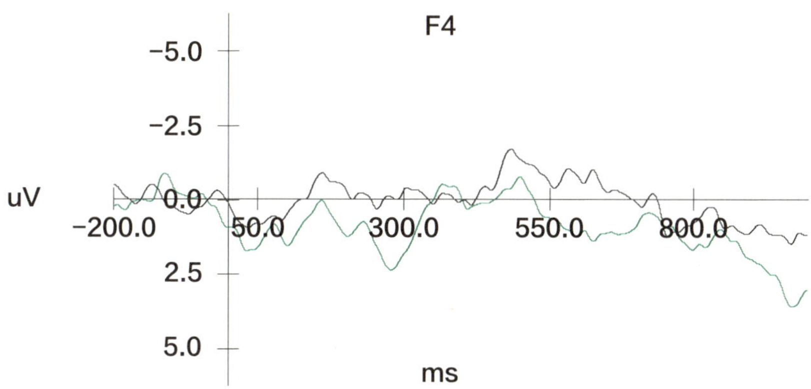

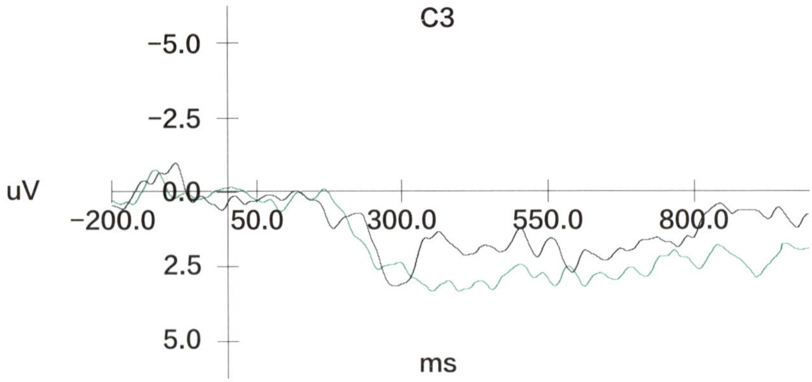
C3
-5.0
-2.5
uV
0.0
2.5
5.0
-200.0
50.0
300.0
550.0
800.0
ms

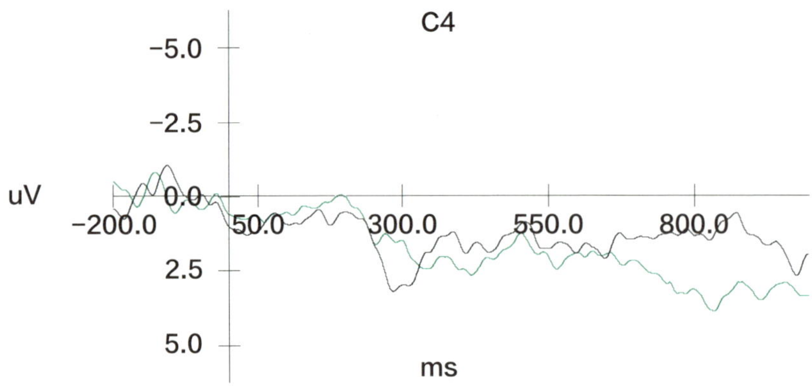
C4
-5.0
-2.5
uV
0.0
2.5
5.0
-200.0
50.0
300.0
550.0
800.0
ms

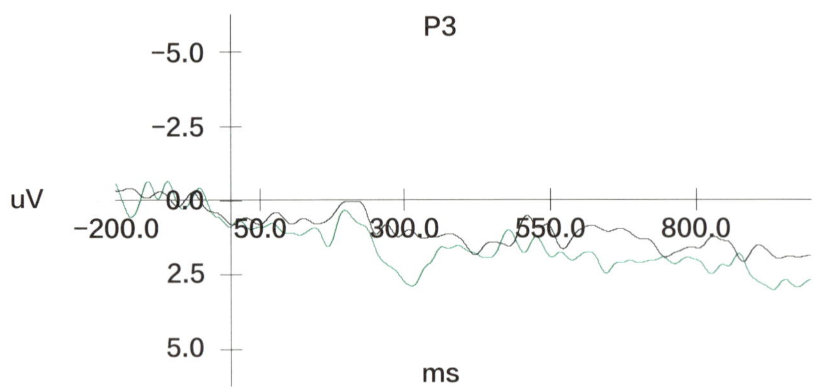
P3
-5.0
-2.5
uV
0.0
2.5
5.0
-200.0
50.0
300.0
550.0
800.0
ms

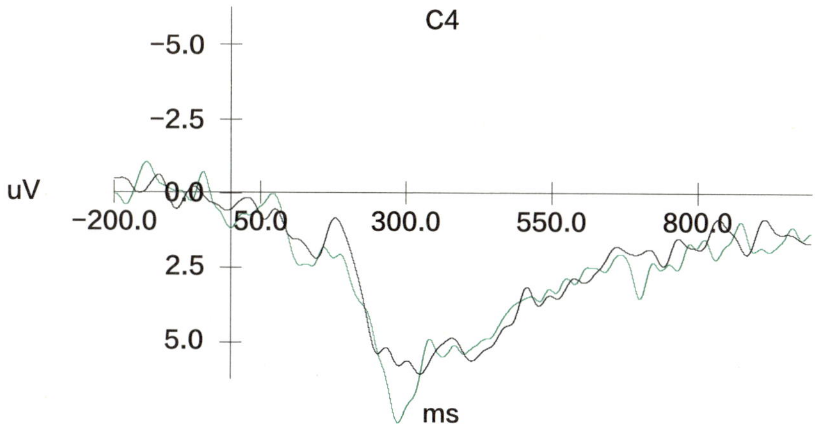

符合规则—　　　　　　违反规则—

图 6-6　视觉 ERP 总平均波形图

3）听觉 500~700ms 波幅。

表 6-7　500~700ms ERP 波幅描述统计（$M \pm SD$）

	前		中		后	
	左侧	右侧	左侧	右侧	左侧	右侧
符合规则	−2.96±2.13	−1.94±2.40	−1.59±1.69	−0.91±2.02	−0.96±1.83	−0.61±2.01
违反规则	−1.55±2.27	−0.20±3.35	−0.32±2.11	0.60±2.58	0.05±2.65	0.34±2.35

2（语法：符合规则/违反规则）×3（位置：前/中/后）方×2（偏侧化：左/右）方差分析发现（描述统计见表 6-7），语法主效应显著，$F_{(1,\ 14)}=5.303$，$p=0.037$，$\eta^2=0.275$，违反规

则的序列比符合规则的序列引发了更大的波幅，表明P600效应发生。

语法与位置的交互作用不显著，$F_{(2,\ 28)}=1.019$，$p=0.374$；语法与偏侧化的交互作用不显著，$F_{(1,\ 14)}=0.073$，$p=0.791$；语法与位置、偏侧化的交互作用不显著，$F_{(2,\ 28)}=0.232$，$p=0.794$。

4）听觉700~900ms波幅。

表6-8　700~900ms ERP波幅描述统计（$M\pm SD$）

	前		中		后	
	左侧	右侧	左侧	右侧	左侧	右侧
符合规则	−3.69±2.65	−2.13±2.61	−1.90±2.47	−1.10±2.57	−1.06±2.20	−0.96±1.99
违反规则	−1.66±2.84	0.19±3.34	−0.45±2.28	0.50±2.15	−0.31±3.35	−0.40±2.83

2（语法：符合规则/违反规则）×3（位置：前/中/后）方×2（偏侧化：左/右）方差分析发现（描述统计见表6-8），语法主效应显著，$F_{(1,\ 14)}=4.706$，$p=0.048$，$\eta^2=0.252$，违反规则的序列比符合规则的序列引发了更大的波幅，表明p600效应发生。

语法与位置的交互作用不显著，$F_{(2,\ 13)}=2.588$，$p=0.113$；语法与偏侧化的交互作用不显著，$F_{(1,\ 14)}=0.014$，$p=0.908$；语法与位置、偏侧化的交互作用不显著，$F_{(2,\ 28)}=0.354$，$p=0.705$。见图6-7所示。

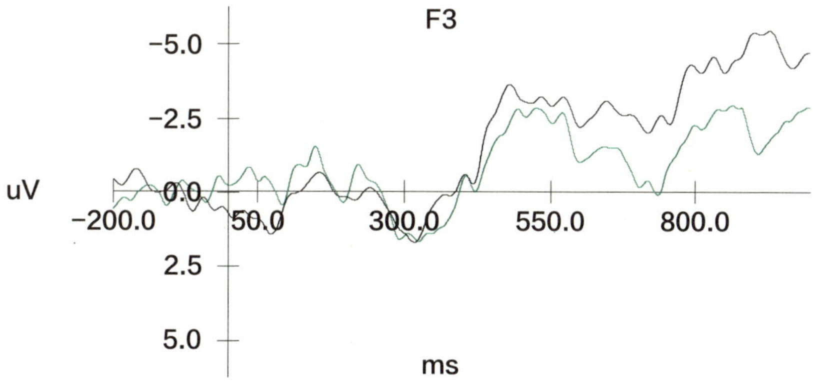
F3
-5.0
-2.5
uV
0.0
-200.0
50.0
300.0
550.0
800.0
2.5
5.0
ms

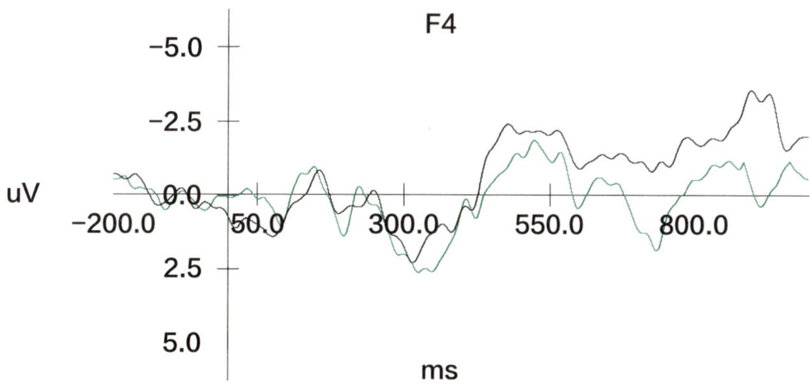
F4
-5.0
-2.5
uV
0.0
-200.0
50.0
300.0
550.0
800.0
2.5
5.0
ms

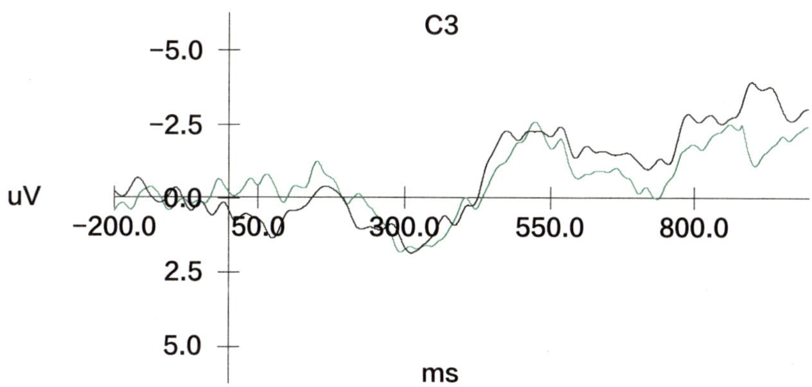
C3
-5.0
-2.5
uV
0.0
-200.0
50.0
300.0
550.0
800.0
2.5
5.0
ms

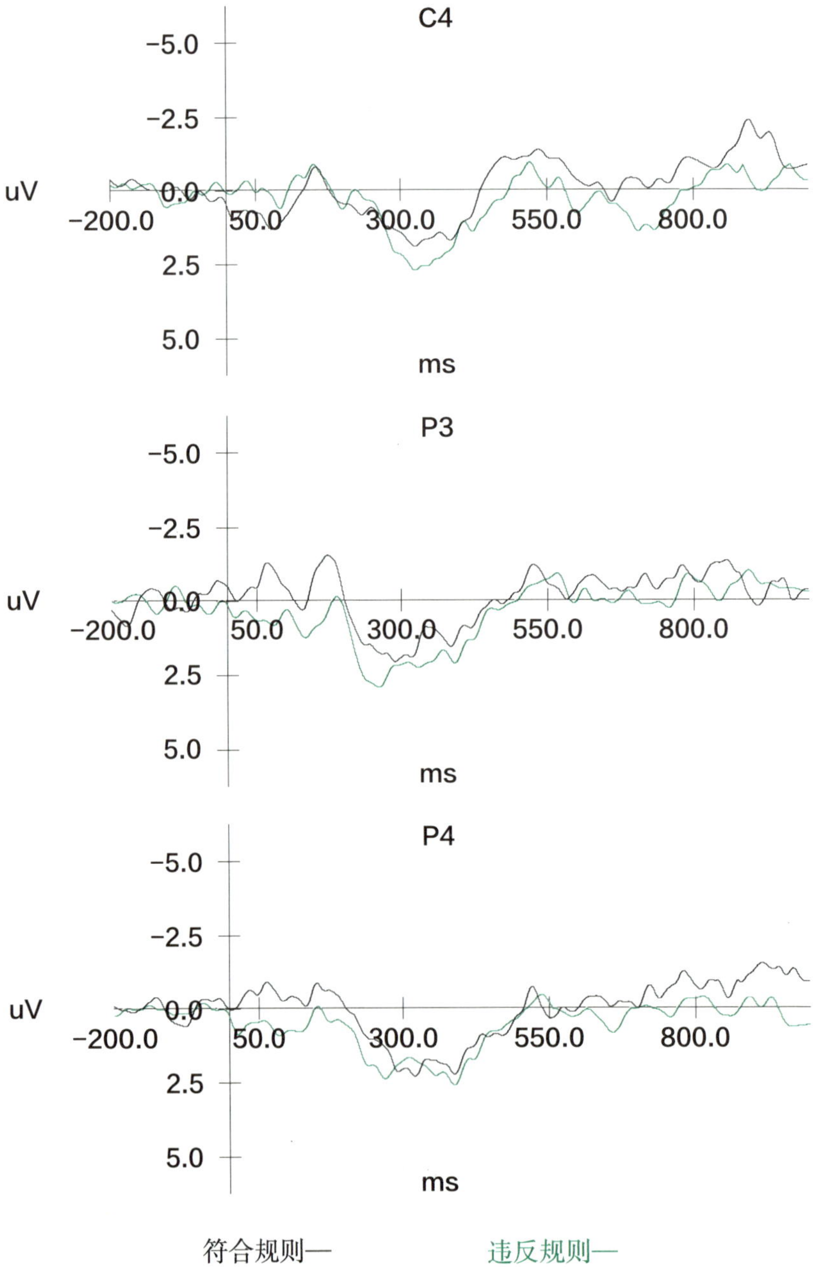

图 6-7　听觉 ERP 总平均波形图

这些结果表明，当同时呈现具有相同语法规则的视听序列时，内隐学习没有出现增强效果。即双通道条件下的内隐学习成绩与视觉或听觉的单通道条件下的内隐学习成绩没有差异。双通道条件下的测验与单通道条件下的测验相同，这表明内隐学习系统相互平行且独立运行。然而，两种通道是否独立运行最有力的考证是同时呈现视听序列但每个通道包含不同的语法规则。

3. 实验四 b　双通道的内隐学习——视听呈现不同语法规则

（1）实验目的。

实验四 b 的主要目的是研究同时呈现听觉和视觉序列，并且视听序列包含不同的语法规则时，内隐学习是否会减弱。如果观察到视听内隐学习互相干扰，则表明内隐学习是一个统一的加工机制，这个统一的加工机制需要整合来自不同通道的信息。另一方面，如果没有观察到减弱的内隐学习，则表明视听通道的内隐学习是独立并行发生的。

（2）方法。

①被试。

随机选取在校本科生 34 人，被试的选取同实验四 a。

②实验材料与仪器。

同实验四 a。只是学习阶段听觉刺激采用了与视觉刺激不同的语法规则生成序列（见附录 3）。测验阶段听觉采用了与视觉不同的测验序列（见附录 4）。

③实验设计与程序。

采用组间设计，将被试随机分为两组。学习阶段两组被试接受同样的学习，视觉刺激和听觉刺激同时呈现，视觉刺激与实验三 a 相同，序列呈现的是动物图片，听觉刺激与实验三 b 相同，序列呈现的是动物名称，听觉的语法规则与视觉的语法规则不同。测试阶段，一组被试接受视觉测验，一组被试接受听觉测验。其他程序均与实验四 a 相同。

（3）结果与分析。

①行为实验结果。

将视听通道同时学习不同规则时的视觉测验（视觉Ⅲ）正确率（M=0.69±0.15）与概率水平相比较，单样本 t 检验发现，视觉学习与概率水平差异显著，$t_{(18)}=5.534$，$p<0.001$，$d=1.266$。

将视听通道同时学习不同规则时的听觉学习（听觉Ⅲ）正确率（M=0.70±0.12）与概率水平相比较，单样本 t 检验发现，同时学习不同规则时，听觉学习与概率水平差异显著，$t_{(18)}=6.584$，$p<0.001$，$d=1.694$。

将听觉Ⅲ与视觉Ⅲ正确率进行独立样本 t 检验，差异不显著，$t_{(32)}=-0.205$，$p=0.839$。

将单通道的视觉（视觉Ⅰ）、视觉Ⅱ、视觉Ⅲ的正确率进行单因素方差分析，结果发现，三者差异不显著，$F_{(2,\ 53)}=1.707$，$p=0.191$。

将单通道的听觉（听觉Ⅰ）、听觉Ⅱ和听觉Ⅲ的正确率进行单因素方差分析，结果发现，三者差异不显著，$F_{(2,\ 49)}=1.201$，$p=0.310$。

② ERP 实验结果。

1）视觉 500~700ms 波幅。

表 6-9　500~700ms ERP 波幅描述统计（$M \pm SD$）

	前		中		后	
	左侧	右侧	左侧	右侧	左侧	右侧
符合规则	0.20±3.30	−0.23±3.34	1.08±2.72	1.27±2.63	0.68±2.30	1.09±2.52
违反规则	−0.23±3.06	1.08±3.55	1.55±2.27	2.86±3.15	2.19±1.84	3.14±2.96

2（语法：符合规则 / 违反规则）×3（位置：前 / 中 / 后）方 ×2（偏侧化：左 / 右）方差分析发现（描述统计见表 6-9），语法主效应显著，$F_{(1,\ 18)}=5.896$，$p=0.026$，$\eta^2=0.247$，违反规则的序列比符合规则的序列引发了更大的波幅，表明 P600 效应发生。

语法与位置的交互作用显著，$F_{(2,\ 36)}=5.993$，$p=0.006$，$\eta^2=0.250$；简单效应分析发现，符合规则与违反规则在前部左侧脑区波幅差异显著，$F_{(1,\ 15)}=24.77$，$P<0.001$，中部左侧脑区波幅差异显著，$F_{(1,\ 15)}=7.24$，$p=0.017$，后部左侧脑区波幅差异边缘显著，$F_{(1,\ 15)}=3.78$，$p=0.071$。右侧三个脑区差异均不显著，$Fs<1.79$，$Ps>0.05$。表明双通道同时学习相同规则时，视觉内隐学习具有偏侧化效应，主要是左侧脑区参与视觉内隐学习。

语法与偏侧化的交互作用不显著，$F_{(1,\ 18)}=4.257$，$p=0.054$。

语法与位置、偏侧化的交互作用不显著，$F_{(2,\ 36)}=2.848$，$P=0.071$。

2）视觉 700~900ms 波幅。

表 6-10　700~900 ms ERP 波幅描述统计（$M \pm SD$）

	前		中		后	
	左侧	右侧	左侧	右侧	左侧	右侧
符合规则	0.47±3.12	1.44±3.73	1.11±2.56	1.81±2.67	0.43±1.81	0.43±2.17
违反规则	0.31±3.11	2.99±3.36	1.54±2.16	3.39±3.00	1.55±2.05	2.04±2.98

2（语法：符合规则 / 违反规则）×3（位置：前 / 中 / 后）方 ×2（偏侧化：左 / 右）方差分析发现（描述统计见表 6–10），语法主效应显著，$F_{(1,\ 18)}=5.073$，$p=0.037$，$\eta^2=0.220$，违反规则的序列比符合规则的序列引发了 P600 更大的波幅。

语法与位置的交互作用不显著，$F_{(2,\ 36)}=1.570$，$p=0.222$。

语法与偏侧化的交互作用显著，$F_{(1,\ 18)}=6.602$，$p=0.019$，$\eta^2=0.268$，对语法与偏侧化两因素进行简单效应分析发现，符合规则与违反规则在左侧脑区波幅差异不显著 $F_{(1,\ 18)}=0.74$，$p=0.399$，在右侧脑区差异显著，$F_{(1,\ 18)}=11.49$，$p=0.003$。

语法与位置、偏侧化的交互作用显著，$F_{(2,\ 36)}=4.765$，$p=0.015$，$\eta^2=0.209$，对语法、位置和偏侧化三因素进行简单效应分析发现，符合规则与违反规则在前部左侧脑区差异不显著，$F_{(1,\ 18)}=0.05$，$p=0.818$，在前部右侧脑区差异显著，$F_{(1,\ 18)}=13.82$，$p=0.002$，在中部左侧脑区差异不显著 $F_{(1,\ 18)}=0.56$，$p=0.462$，在中部右侧脑区差异显著 $F_{(1,\ 18)}=0.968$，$p=0.009$，在后部左侧脑区差异不显著，$F_{(1,\ 18)}=4.16$，$p=0.056$，在后部右侧脑区差异显著，$F_{(1,\ 18)}=7.66$，$p=0.013$。见图 6-8 所示。

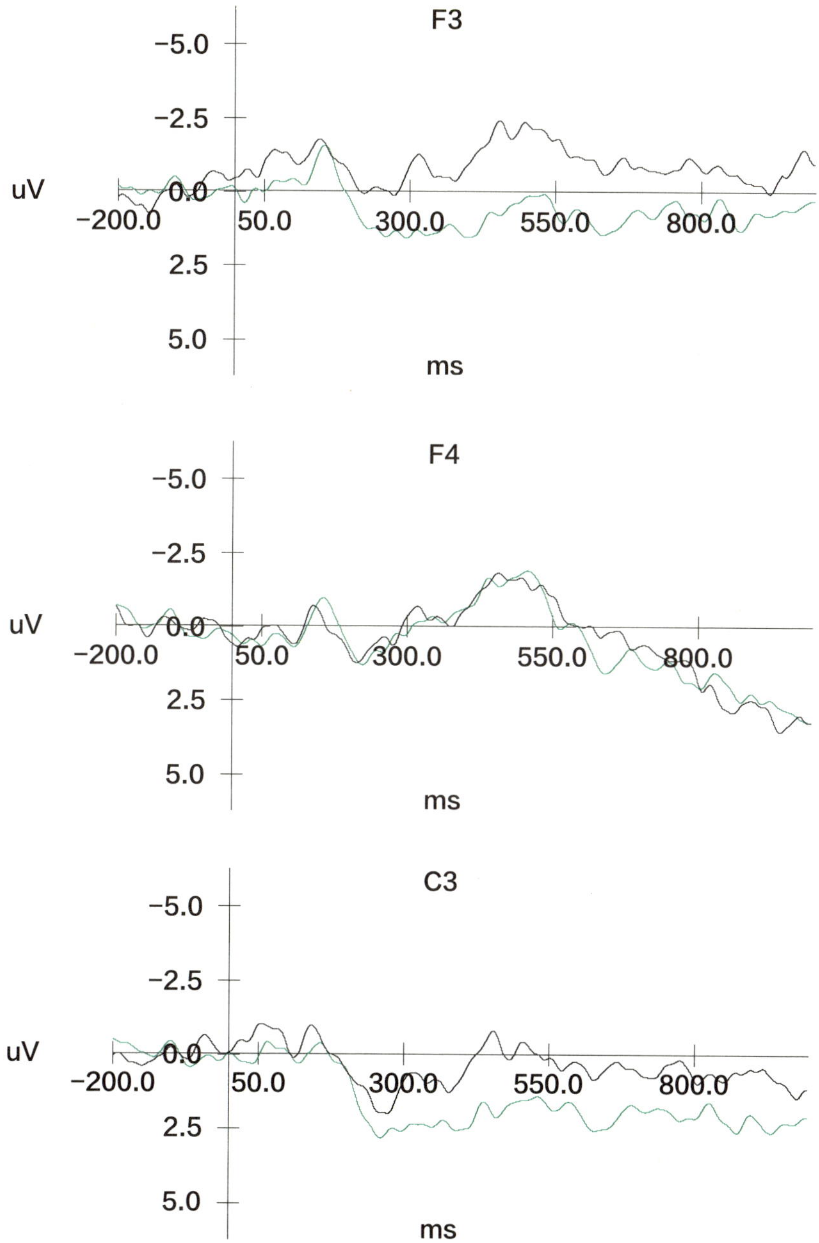

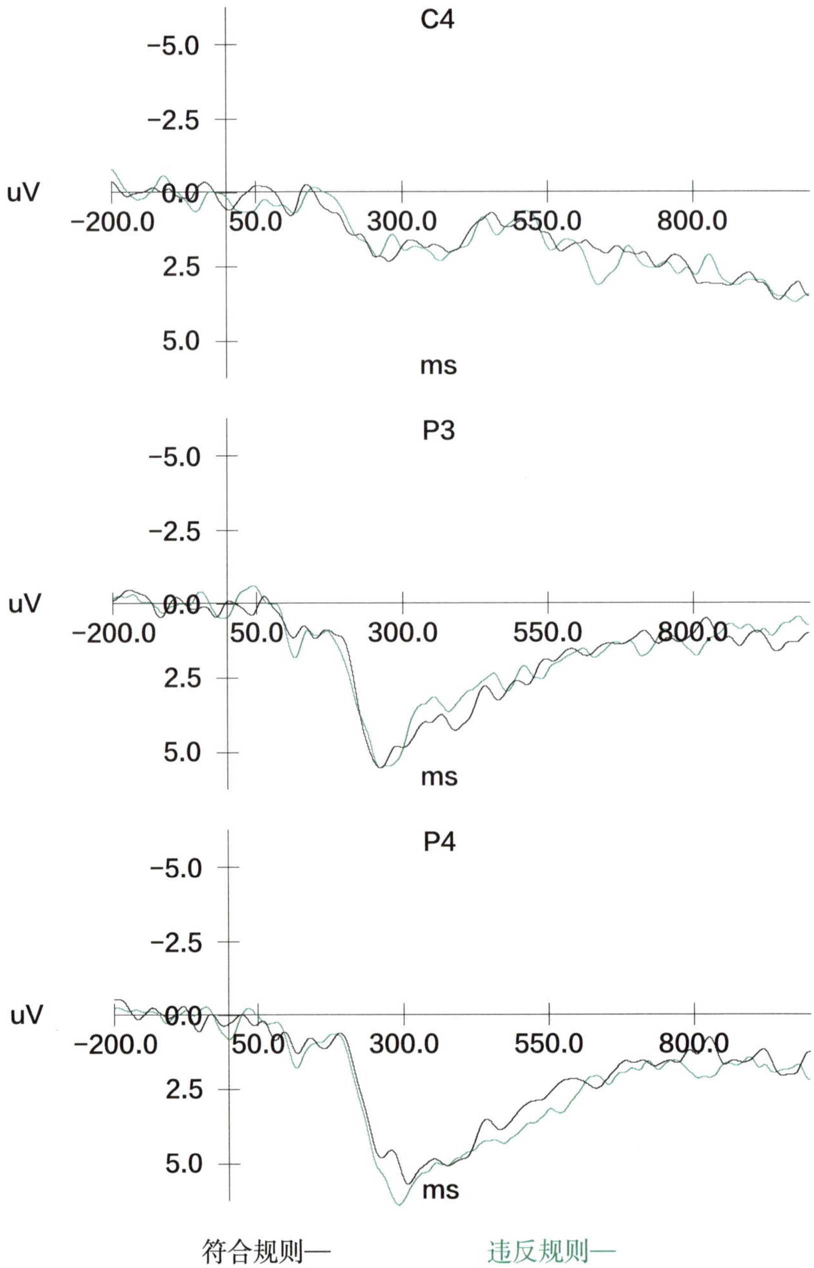

图 6-8　视觉 ERP 总平均波形图

3）听觉 500~700m 波幅。

表 6-11　500~700ms ERP 波幅描述统计（$M\pm SD$）

	前		中		后	
	左侧	右侧	左侧	右侧	左侧	右侧
符合规则	−0.70±2.44	−0.11±3.75	−0.72±1.93	0.09±2.38	−1.53±2.85	−1.24±2.59
违反规则	0.50±3.57	1.13±3.79	0.39±3.08	1.42±2.95	−0.97±3.97	0.03±3.67

2（语法：符合规则/违反规则）×3（位置：前/中/后）方 ×2（偏侧化：左/右）方差分析发现（描述统计见表 6-11），语法主效应显著，$F_{(1,\ 14)}=6.238$，$p=0.026$，$\eta^2=0.308$，违反规则的序列比符合规则的序列引发了更大的波幅，表明 P600 效应发生。

语法与位置的交互作用不显著，$F_{(2,\ 28)}=0.358$，$p=0.702$；语法与偏侧化的交互作用不显著，$F_{(1,\ 14)}=0.351$，$p=0.563$；语法与位置、偏侧化的交互作用不显著，$F_{(2,\ 28)}=0.968$，$p=0.392$。

4）听觉 700~900ms 波幅。

表 6-12　700~900ms ERP 波幅描述统计（$M\pm SD$）

	前		中		后	
	左侧	右侧	左侧	右侧	左侧	右侧
符合规则	−0.99±2.24	−0.57±4.05	−1.08±1.91	−0.70±2.71	−2.03±3.03	−2.06±3.72
违反规则	−0.17±3.43	0.60±4.81	0.32±3.14	1.14±3.68	−0.63±2.94	−0.00±3.73

2（语法：符合规则 / 违反规则）×3（位置：前 / 中 / 后）方 ×2（偏侧化：左 / 右）方差分析发现（描述统计见表 6–12），语法主效应显著，$F_{(1,\ 14)}=5.820$，$p=0.030$，$\eta^2=0.294$，违反规则的序列比符合规则的序列引发了更大的波幅，表明 P600 效应发生。

语法与位置的交互作用不显著，$F_{(2,\ 28)}=1.879$，$p=0.172$；语法与偏侧化的交互作用不显著，$F_{(1,\ 14)}=0.679$，$p=0.424$；语法与位置、偏侧化的交互作用不显著，$F_{(2,\ 28)}=0.203$，$p=0.817$。见图 6–9 所示。

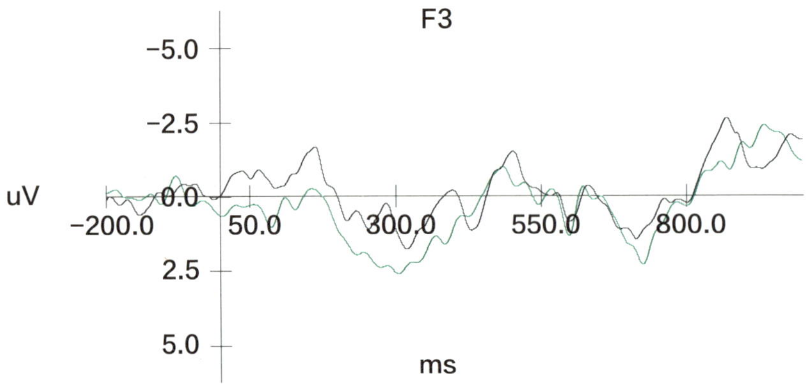

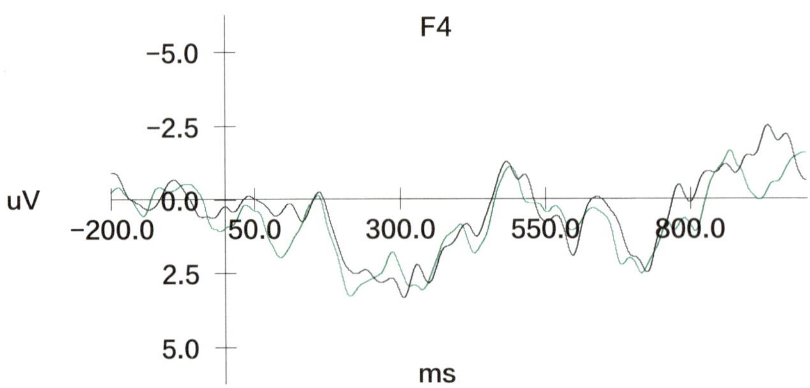

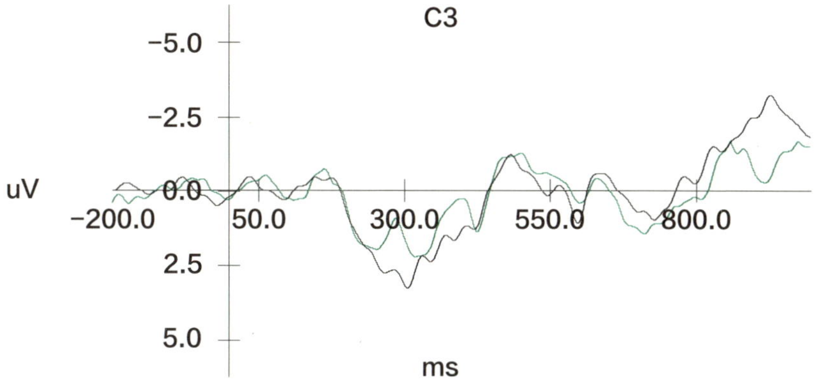
C3
-5.0
-2.5
uV
0.0
-200.0
50.0
300.0
550.0
800.0
2.5
5.0
ms

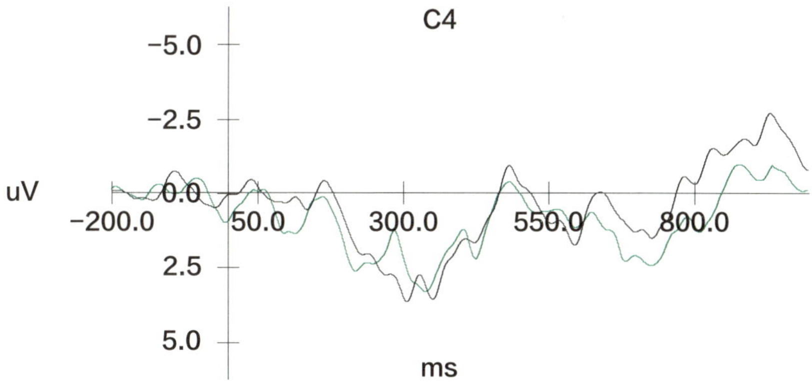
C4
-5.0
-2.5
uV
0.0
-200.0
50.0
300.0
550.0
800.0
2.5
5.0
ms

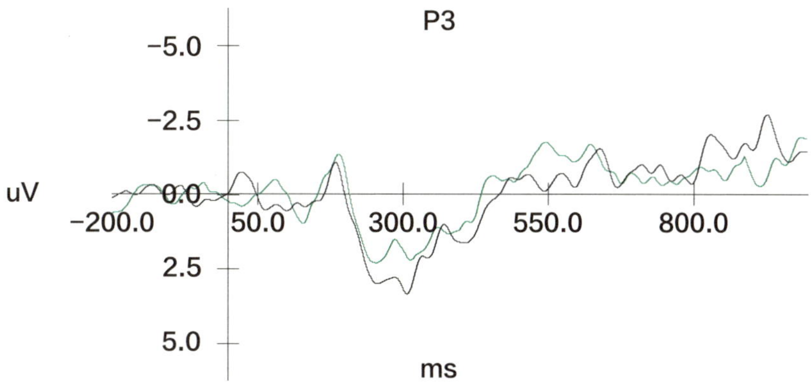
P3
-5.0
-2.5
uV
0.0
-200.0
50.0
300.0
550.0
800.0
2.5
5.0
ms

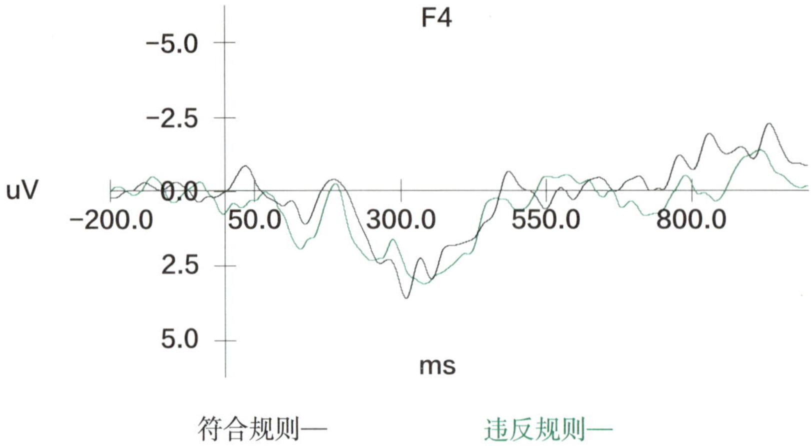

图 6-9　听觉 ERP 总平均波形图

5）视觉 500~700ms 波幅跨实验的比较。

将视觉Ⅰ、视觉Ⅱ与视觉Ⅲ的波幅进行跨实验的比较，3（实验：视觉Ⅰ / 视觉Ⅱ / 视觉Ⅲ）×3（位置：前 / 中 / 后）×2（偏侧化：左 / 右）方差分析发现，实验的主效应不显著，$F_{(2,\ 52)}=0.851$，$p=0.433$；实验与位置的交互作用不显著，$F_{(4,\ 104)}=1.529$，$p=0.199$；实验与偏侧化的交互作用不显著，$F_{(2,\ 52)}=0.517$，$p=0.599$；实验与位置、偏侧化的交互作用不显著，$F_{(4,\ 104)}=1.098$，$p=0.362$。

6）视觉 700~900ms 波幅跨实验的比较。

将视觉Ⅰ、视觉Ⅱ与视觉Ⅲ的波幅进行跨实验的比较，3（实验：视觉Ⅰ / 视觉Ⅱ / 视觉Ⅲ）×3（位置：前 / 中 / 后）×2（偏侧化：左 / 右）方差分析发现，实验的主效应不显著，$F_{(2,\ 52)}=0.071$，$p=0.932$；实验与位置的交互作用不显著，

$F_{(4,\ 104)}=1.960$，$p=0.106$；实验与偏侧化的交互作用不显著，$F_{(2,52)}=1.933$，$p=0.155$；实验与位置、偏侧化的交互作用不显著，$F_{(4,\ 104)}=1.667$，$p=0.163$。见图 6–10 所示。

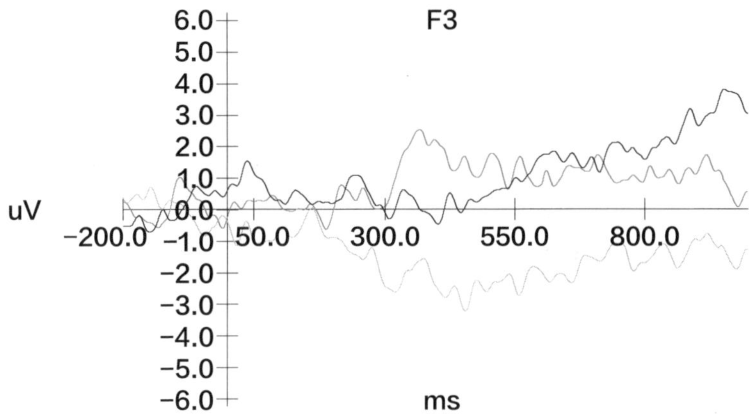

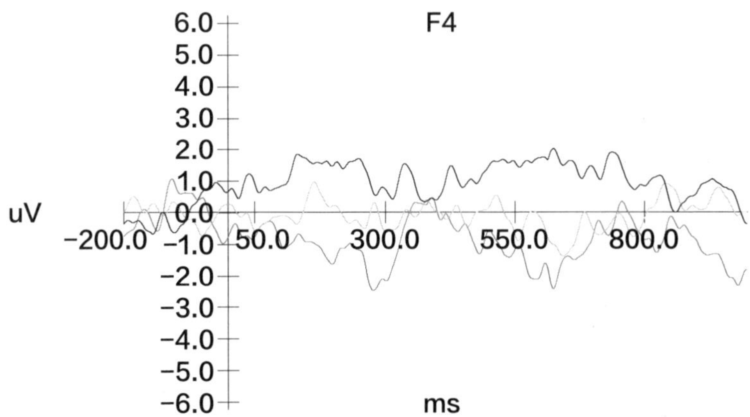

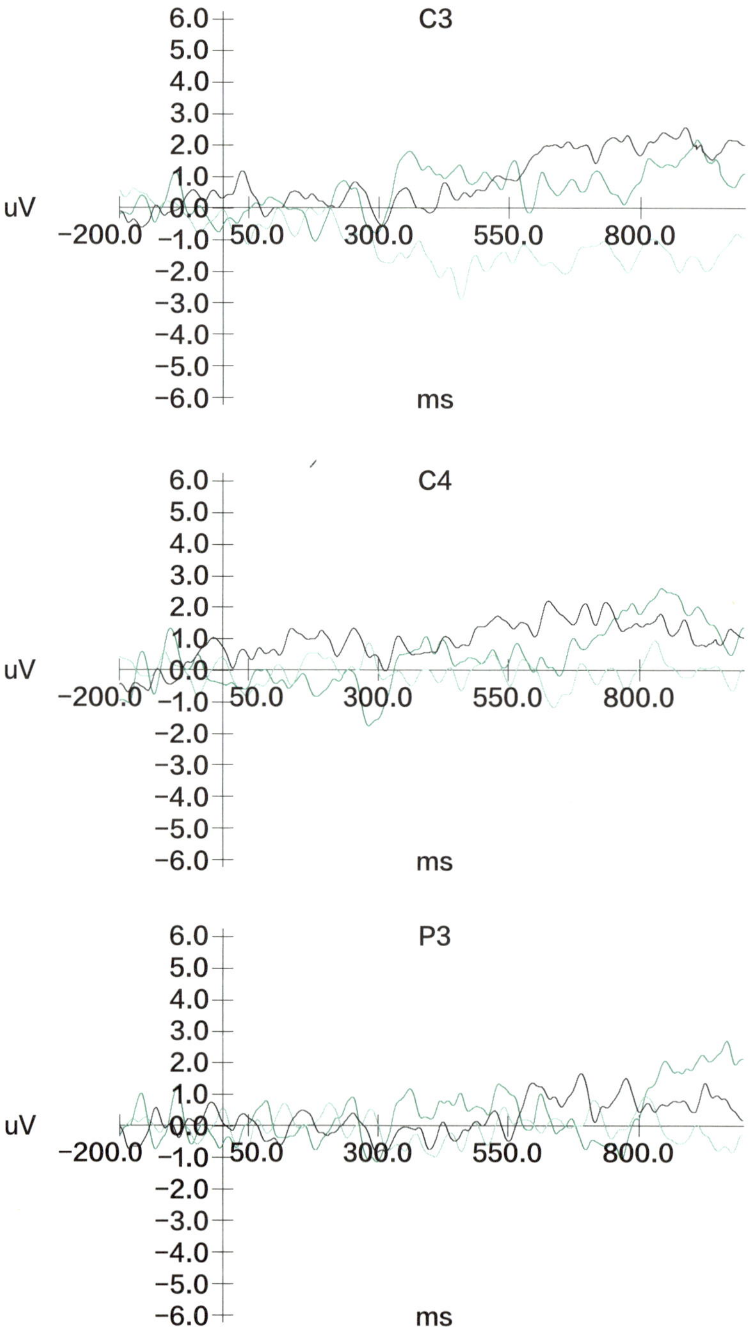
C3
uV
ms
C4
uV
ms
P3
uV
ms
6.0
5.0
4.0
3.0
2.0
1.0
0.0
-1.0
-2.0
-3.0
-4.0
-5.0
-6.0
-200.0
50.0
300.0
550.0
800.0

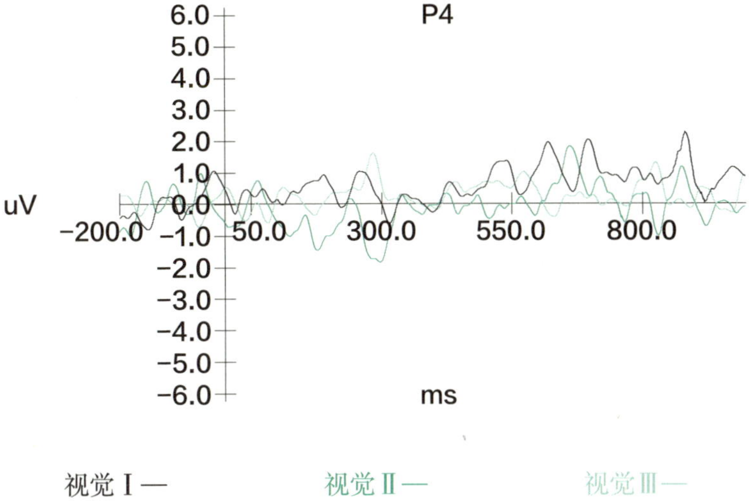
P4
6.0
5.0
4.0
3.0
2.0
1.0
0.0
-1.0
-2.0
-3.0
-4.0
-5.0
-6.0
uV
-200.0
50.0
300.0
550.0
800.0
ms
视觉 I —
视觉 II —
视觉 III —

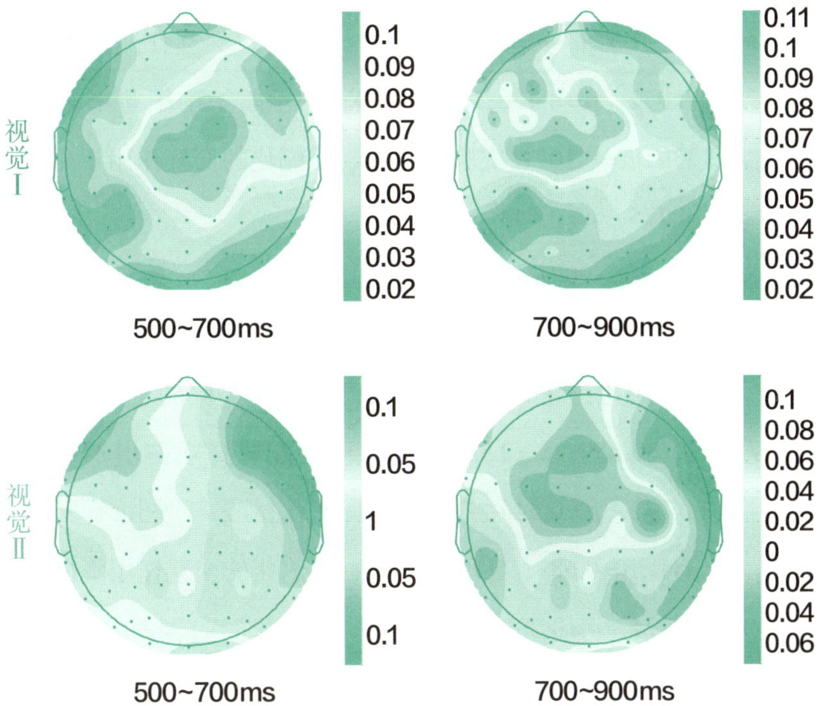
视觉I
0.1
0.09
0.08
0.07
0.06
0.05
0.04
0.03
0.02
500~700ms
0.11
0.1
0.09
0.08
0.07
0.06
0.05
0.04
0.03
0.02
700~900ms
视觉II
0.1
0.05
1
0.05
0.1
500~700ms
0.1
0.08
0.06
0.04
0.02
0
0.02
0.04
0.06
700~900ms

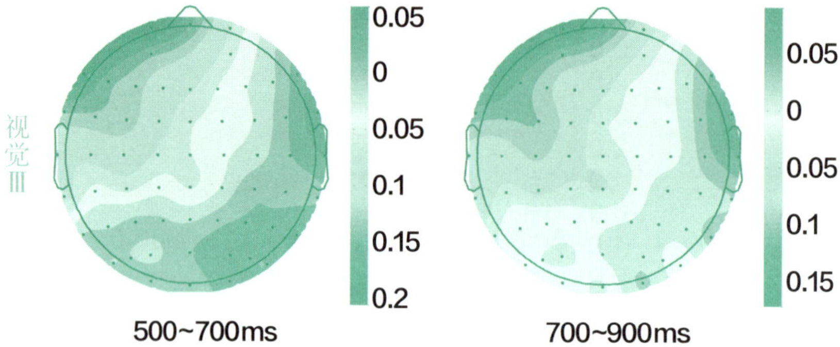

图 6-10　视觉Ⅰ、视觉Ⅱ和视觉Ⅲ差异波的比较

7）视觉 500~700 ms 潜伏期跨实验的比较。

3（实验：视觉Ⅰ/视觉Ⅱ/视觉Ⅲ）×3（位置：前/中/后）×2（偏侧化：左/右）方差分析发现，实验的主效应不显著，$F_{(2,\ 52)}=1.379$，$p=0.261$；实验与位置的交互作用不显著，$F_{(4,\ 104)}=0.972$，$p=0.426$；实验与偏侧化的交互作用不显著，$F_{(2,52)}=2.339$，$p=0.107$；实验与位置、偏侧化的交互作用不显著，$F_{(4,\ 104)}=0.775$，$p=0.544$。

8）视觉 700~900 ms 潜伏期跨实验的比较。

3（实验：视觉Ⅰ/视觉Ⅱ/视觉Ⅲ）×3（位置：前/中/后）×2（偏侧化：左/右）方差分析发现，实验的主效应不显著，$F_{(2,\ 52)}=0.659$，$p=0.522$；实验与位置的交互作用不显著，$F_{(4,\ 104)}=0.772$，$p=0.546$；通道与偏侧化的交互作用不显著，$F_{(2,52)}=0.384$，$p=0.683$；实验与位置、偏侧化的交互作用不显著，$\mathrm{F}_{(4,\ 104)}=1.494$，$p=0.209$。

9）听觉 500~700 ms 波幅跨实验的比较。

3（实验：听觉Ⅰ/听觉Ⅱ/听觉Ⅲ）×3（位置：前/中/后）×2（偏侧化：左/右）方差分析发现，实验的主效应不显著，$F_{(2,\ 49)}=0.842$，$p=0.437$。

实验与位置的交互作用显著，$F_{(4,\ 98)}=4.144$，$p=0.004$，$\eta^2=0.145$；简单效应分析发现，听觉Ⅰ和听觉Ⅱ在前部脑区差异不显著，$F_{(1,\ 35)}=1.73$，$p=0.197$；听觉Ⅰ和听觉Ⅱ在中部脑区差异不显著，$F_{(1,\ 35)}=0.66$，$p=0.422$；听觉Ⅰ和听觉Ⅱ在后部脑区差异不显著，$F_{(1,\ 35)}=1.23$，$p=0.276$。听觉Ⅰ和听觉Ⅲ在前部脑区差异不显著，$F_{(2,\ 49)}=2.09$，$p=0.135$；听觉Ⅰ和听觉Ⅲ在中部脑区差异不显著，$F_{(2,\ 49)}=0.69$，$p=0.507$；听觉Ⅰ和听觉Ⅲ在后部脑区差异不显著，$F_{(2,49)}=1.68$，$p=0.197$。听觉Ⅱ和听觉Ⅲ在前部脑区差异显著，$F_{(1,28)}=6.37$，$p=0.018$，这也是导致实验和位置交互作用的唯一原因。听觉Ⅱ和听觉Ⅲ在中部脑区差异不显著，$F_{(1,\ 28)}=2.02$，$p=0.166$；在后部脑区差异不显著，$F_{(1,\ 28)}=0.51$，$p=0.482$。

实验与偏侧化的交互作用显著，$F_{(2,\ 49)}=3.805$，$p=0.029$，$\eta^2=0.134$；简单效应分析发现，听觉Ⅰ和听觉Ⅱ在左侧脑区差异不显著，$F_{(1,\ 35)}=0.01$，$p=0.935$；在右侧脑区差异边缘显著，$F_{(1,\ 35)}=3.38$，$p=0.074$，也是导致实验和偏侧化交互作用的唯一原因。听觉Ⅰ和听觉Ⅲ在左侧脑区差异不显著，$F_{(2,\ 49)}=0.81$，$p=0.451$；在右侧脑区差异不显著，$F_{(2,\ 49)}=1.86$，$p=0.167$。听觉Ⅱ和听觉Ⅲ在左侧脑区差异不显著，$F_{(1,\ 28)}=1.66$，$p=0.208$。听觉Ⅱ和听觉Ⅲ在右侧脑区差异不显著，$F_{(1,\ 28)}=0.82$，$p=0.372$。

实验与位置、偏侧化的交互作用不显著，$F_{(4,\ 98)}=0.985$，

p=0.419。本研究关注单通道与双通道的内隐学习是否有差异，上述结果表明单通道与双通道的波幅并无差异。

10）听觉 700~900 ms 波幅跨实验的比较。

将听觉Ⅰ、听觉Ⅱ与听觉Ⅲ的振幅进行跨实验的比较，3（实验：听觉Ⅰ/听觉Ⅱ/听觉Ⅲ）×3（位置：前/中/后）×2（偏侧化：左/右）方差分析发现，实验的主效应不显著，$F_{(2, 49)}$=0.343，p=0.711。

实验与位置的交互作用显著，$F_{(4, 98)}$=4.996，p<0.001，η^2=0.169。简单效应分析发现，听觉Ⅰ和听觉Ⅱ在前部脑区差异不显著，$F_{(1, 35)}$=0.26，p=0.614；听觉Ⅰ和听觉Ⅱ在中部脑区差异不显著，$F_{(1, 35)}$=1.07，p=0.307；听觉Ⅰ和听觉Ⅱ在后部脑区差异不显著，$F_{(1, 35)}$=0.35，p=0.558。听觉Ⅰ和听觉Ⅲ在前部脑区差异不显著，$F_{(2, 49)}$=1.82，p=0.173；听觉Ⅰ和听觉Ⅲ在中部脑区差异不显著，$F_{(2, 49)}$=0.51，p=0.604；听觉Ⅰ和听觉Ⅲ在后部脑区差异不显著，$F_{(2,49)}$=0.32，p=0.727。听觉Ⅱ和听觉Ⅲ在前部脑区差异显著，$F_{(1,28)}$=5.19，p=0.031，这也是导致实验和位置交互作用的唯一原因；听觉Ⅱ和听觉Ⅲ在中部脑区差异不显著，$F_{(1, 28)}$=0.12，p=0.729；听觉Ⅱ和听觉Ⅲ在后部脑区差异不显著，$F_{(1, 28)}$=0.03，p=0.865。

实验与偏侧化的交互作用显著，$F_{(2, 49)}$=10.289，p<0.001，η^2=0.296。简单效应分析发现，听觉Ⅰ和听觉Ⅱ在左侧脑区差异不显著，$F_{(1, 35)}$=0.09，p=0.770；听觉Ⅰ和听觉Ⅱ在右侧脑区差异不显著，$F_{(1, 35)}$=1.28，p=0.266。听觉Ⅰ和听觉Ⅲ在左侧脑区差异不显著，$F_{(2, 49)}$=2.29，p=0.112；听觉Ⅰ和听觉Ⅲ在右侧脑

区差异不显著，$F_{(2, 49)}=1.56$，$p=0.221$。听觉Ⅱ和听觉Ⅲ在左侧脑区差异显著，$F_{(1, 28)}=5.98$，$p=0.021$，这也是导致实验和偏侧化交互作用的唯一原因。听觉Ⅱ和听觉Ⅲ在右侧脑区差异不显著，$F_{(1, 28)}=0.38$，$P=0.545$。

实验与位置、偏侧化的交互作用不显著，$F_{(4, 98)}=1.093$，$p=0.365$。本研究关注单通道与双通道的内隐学习是否有差异，上述结果表明单通道和双通道的波幅并无差异。见图 6-11。

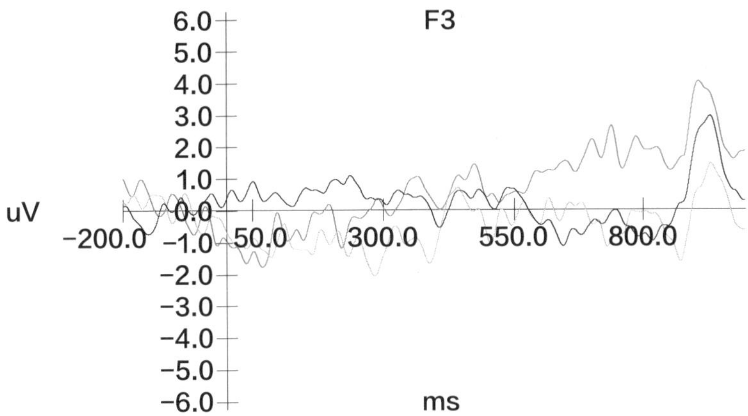

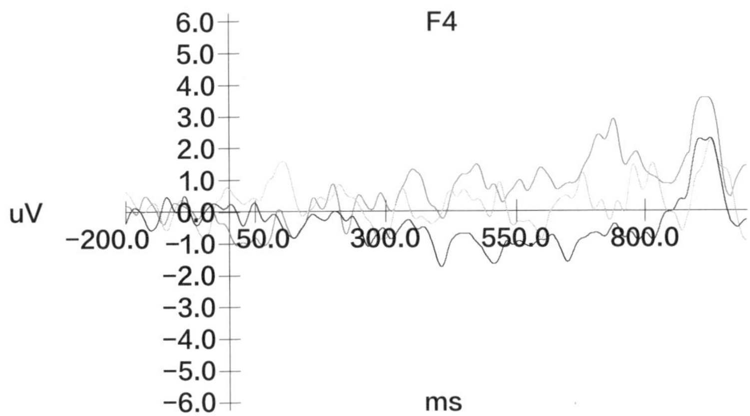

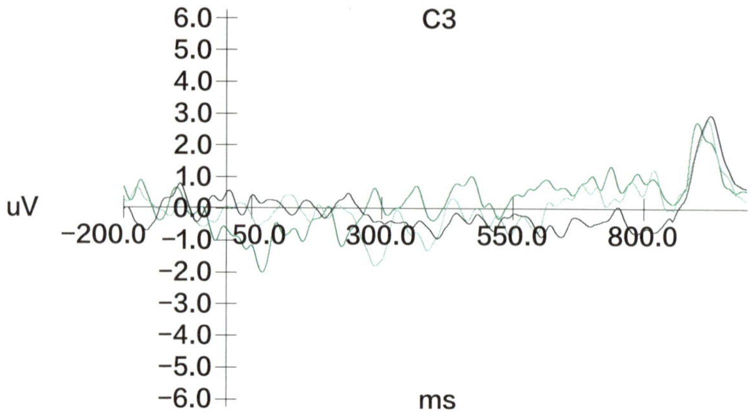
C3
uV
ms
6.0
5.0
4.0
3.0
2.0
1.0
0.0
−1.0
−2.0
−3.0
−4.0
−5.0
−6.0
−200.0
50.0
300.0
550.0
800.0

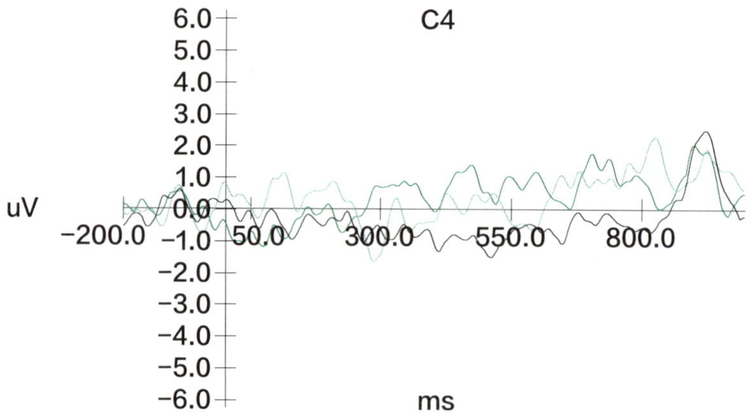
C4
uV
ms
6.0
5.0
4.0
3.0
2.0
1.0
0.0
−1.0
−2.0
−3.0
−4.0
−5.0
−6.0
−200.0
50.0
300.0
550.0
800.0

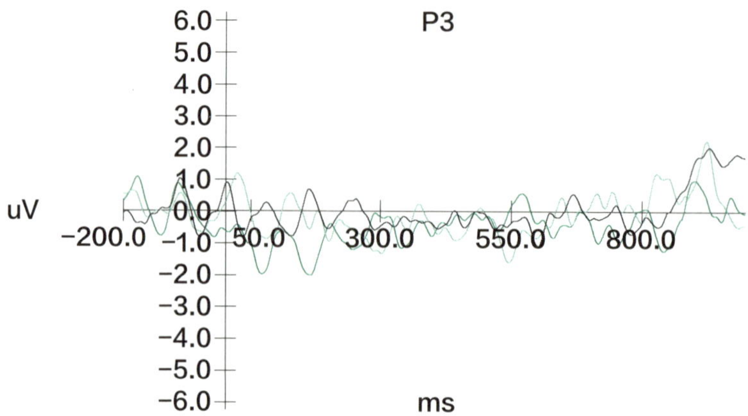
P3
uV
ms
6.0
5.0
4.0
3.0
2.0
1.0
0.0
−1.0
−2.0
−3.0
−4.0
−5.0
−6.0
−200.0
50.0
300.0
550.0
800.0

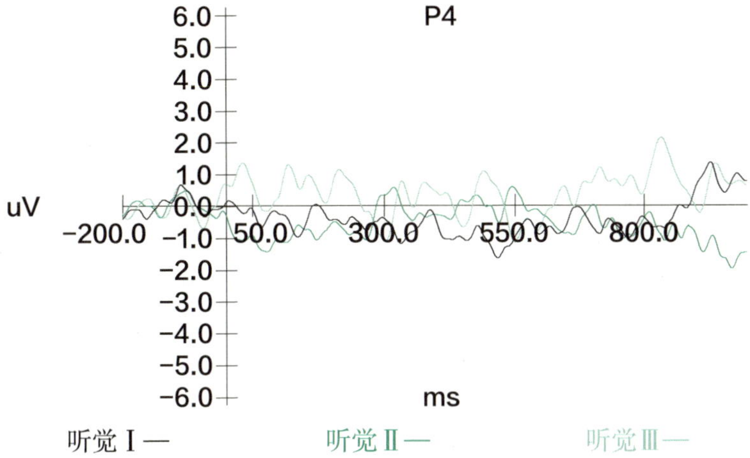
P4
uV
ms
6.0
5.0
4.0
3.0
2.0
1.0
0.0
−1.0
−2.0
−3.0
−4.0
−5.0
−6.0
−200.0
50.0
300.0
550.0
800.0
听觉Ⅰ—
听觉Ⅱ—
听觉Ⅲ—

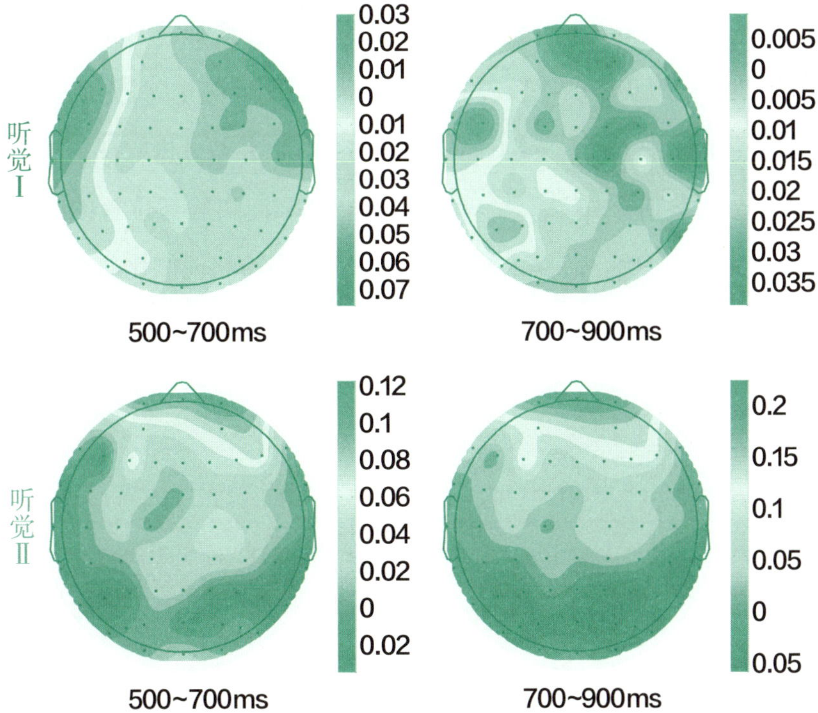
听觉Ⅰ
0.03
0.02
0.01
0
0.01
0.02
0.03
0.04
0.05
0.06
0.07
500~700ms
0.005
0
0.005
0.01
0.015
0.02
0.025
0.03
0.035
700~900ms
听觉Ⅱ
0.12
0.1
0.08
0.06
0.04
0.02
0
0.02
500~700ms
0.2
0.15
0.1
0.05
0
0.05
700~900ms

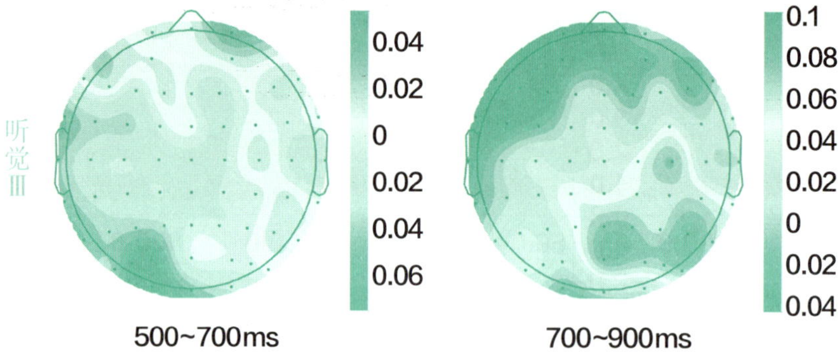

图 6-11 听觉Ⅰ、听觉Ⅱ和听觉Ⅲ差异波的比较

11）听觉 500~700ms 潜伏期跨实验的比较。

实验三 a、实验三 b、实验四 a、实验四 b 500~700ms 潜伏期描述统计见表 6-13。将听觉Ⅰ、听觉Ⅱ与听觉Ⅲ的 500~700ms 潜伏期进行跨实验的比较，3（实验：听觉Ⅰ/听觉Ⅱ/听觉Ⅲ）×3（位置：前/中/后）×2（偏侧化：左/右）方差分析发现，实验的主效应不显著，$F_{(2,\ 52)}=0.126$，$p=0.882$；实验与位置的交互作用不显著，$F_{(4,\ 104)}=1.253$，$P=0.293$；实验与偏侧化的交互作用不显著，$F_{(2,\ 52)}=0.179$，$p=0.837$；实验与位置、偏侧化的交互作用不显著，$F_{(4,\ 104)}=0.089$，$p=0.986$。

表 6-13 500~700ms ERP 潜伏期描述统计（$M \pm SD$）

	前		中		后	
	左侧	右侧	左侧	右侧	左侧	右侧
实验三 a	599±45	593±49	625±47	548±44	577±49	547±44
实验三 b	617±47	620±42	618±48	590±43	607±36	593±45

（续表）

	前		中		后	
	左侧	右侧	左侧	右侧	左侧	右侧
实验四 a	584±55	596±54	603±59	574±47	577±53	571±49
实验四 a 双通道听觉	611±48	621±46	618±46	593±48	623±49	610±55
实验四 b 双通道视觉	603±46	611± 35	626±37	576±54	603±47	575±47
实验四 b 双通道听觉	618±51	619±56	629±50	588±47	610±43	595±49

12）听觉 700~900 ms 潜伏期跨实验的比较。

实验三 a、实验三 b、实验四 a、实验四 b 700~900 ms 潜伏期描述统计见表 6-14。将听觉Ⅰ、听觉Ⅱ与听觉Ⅲ的 700~900 ms 潜伏期进行跨实验的比较，3（实验：听觉Ⅰ/听觉Ⅱ/听觉Ⅲ）×3（位置：前/中/后）×2（偏侧化：左/右）方差分析发现，实验的主效应不显著，$F_{(2,\ 52)}=1.849$，$p=0.168$；实验与位置的交互作用不显著，$F_{(4,\ 104)}=0.617$，$p=0.652$；实验与偏侧化的交互作用不显著，$F_{(2,\ 52)}=0.180$，$p=0.836$；实验与位置、偏侧化的交互作用不显著，$F_{(4,\ 104)}=0.993$，$p=0.415$。

表 6-14　700~900 ms 潜伏期描述统计（$M \pm SD$）

	前		中		后	
	左侧	右侧	左侧	右侧	左侧	右侧
实验三 a 单通道视觉	805±61	826±45	831±42	796±59	807±53	811±51

（续表）

	前		中		后	
	左侧	右侧	左侧	右侧	左侧	右侧
实验三 b 单通道听觉	736±32	759±44	749±37	782±54	758±52	773±58
实验四 a 双通道视觉	772±54	784±53	796±58	751±39	755±45	767±52
实验四 a 双通道听觉	756±38	775±44	763±49	789±54	768±43	796±47
实验四 b 双通道视觉	821±49	812±67	825±59	803±62	799±57	793±58
实验四 b 双通道听觉	733±22	740±41	737±29	790±40	744.±28	774±45

4. 讨论

本研究关注视听通道同时学习相同语法和不同语法规则时，视觉和听觉内隐学习彼此是否有影响。行为实验结果表明，无论是双通道同时学习相同语法还是不同语法规则时，被试都能同时追踪两个通道的语法规则。视听同时学习相同规则时，分别对视觉和听觉进行测验，ERP 数据表明，在 500~700 ms 和 700~900 ms 两个时段，视觉和听觉违反规则均会引发比符合规则更大的波幅，表明 P600 效应的发生。视听同时学习不同规则时，分别对视觉和听觉进行测验，ERP 数据表明，在 500~700 ms 和 700~900 ms 两个时段，视觉和听觉违反规则也均会引发比符合规则更大的波幅，亦表明 P600 效应的发生。

在 P600 效应发生的前提下，研究更感兴趣的是双通道同时学习与单通道学习时的ERP有何异同。对单通道视觉、双通道相同规则的视觉、双通道不同规则的视觉学习成绩三者进行比较，结果发现，三种条件下的视觉学习的波幅无显著差异。假如视觉内隐学习和听觉内隐学习是一个统一的学习机制，那么视听学习成绩将会彼此相互作用和影响而不是彼此独立。多感觉整合理论认为，生物体的神经系统能够对于不同感觉通道（例如，视觉和听觉）的外界刺激进行整合，从而确定这些刺激信息之间的关系并增强大脑对于这些信息的检测，从而使生物体对于外界输入的信息做出正确的响应。生物体在利用同时呈现的来自同一客体的多种感觉信息进行加工时，判断更准确，反应更快（刘强等，2010）。体现在行为数据上，被试会获得比单通道内隐学习更高的测验正确率，因为视觉和听觉呈现的规则一致，将会增强内隐学习效果。体现在ERP数据上，双通道呈现相同规则会比单通道学习引发更大的振幅，潜伏期则会更短。在实验四a中，视听同时呈现具有相同规则的语法序列，并没有表现出任何的促进作用，因此表明视听通道对信息的加工是独立并行的。

研究跨通道的信息输入对内隐学习影响的一种补充方法是向学习者呈现包含不同顺序规律的视听流。实验四b采用此方法检验了内隐学习是否会因为两个通道之间的干扰而降低学习效应。结果显示，相对于基线学习条件，这种操作并没有导致学习效应下降。尽管每个信息流包含不同且相互冲突的信息，但被试表现出了对每个输入模式的顺序规律性的学习，这可能是迄今为止内隐学习由平行运行的独立学习机制组成的最有力证据。

神经电生理学的研究发现，当视听刺激一致时，脑活动增强；当视听刺激不一致时，脑活动受到强烈抑制（Hertrich, Mathiak, Lutzenberger & Ackermann, 2009）。根据电生理学的发现，当视听通道呈现的序列规则不一致时，脑活动将受到抑制（Hertrich, Dietrich & Ackermann, 2013）。体现在行为数据上，双通道内隐学习的测验正确率将比单通道内隐学习的测验正确率有所衰减。体现在 ERP 数据上，双通道学习不同规则会比单通道学习引发更小的振幅，潜伏期则会更长。事实上，实验四 a 双通道同时学习相同的规则和单通道学习的测验正确率没有显著差异，波幅也没有显著差异，潜伏期亦没有显著差异。实验四 b 双通道同时学习不同的规则和单通道学习时的测验正确率没有显著差异，波幅也没有显著差异，潜伏期亦没有显著差异。这表明双通道学习时，视觉和听觉内隐学习彼此互不干扰。两个实验无论行为数据还是脑电数据都互相佐证了结果。由此推断，被试同时且独立地习得了听觉和视觉序列，可能平行存在与感官相联系的多重学习子系统。

如果内隐学习基于一个共同的中枢机制，则双通道的信息输入应产生跨通道效应（促进或干扰，取决于跨通道关系的性质）。事实上没有观察到这一点。在任何学习条件下（单通道和跨通道），两种通道的学习水平都没有差异，这表明每个通道的学习都是独立进行的，不会相互影响。视听双通道同时呈现相同语法或不同语法时，学习者均能同时学习到两个不同感觉通道的信息流。如果视听刺激同时呈现，把一个通道的信息看作是另一个通道的背景信息，则实验三 b 和实验四 a 的结果又支持了 Jiménez 和 Vázquez（2011）的实验结论。Jiménez 等在考察背景线索是否会影响内隐序列学习时，发现被试能够同时内隐地习得背景线索和序列结构，且背景线索的学习和内隐序列结构的学习并不抢占中央认知资源。这也为内隐学习并行存在多重学习系统提供了证据，同时又体现了内隐学习具有心理资源节约性、无意识性、自动概括性等特点（Chen, Gershkoff-Stowe, Wu, Cheung & Yu, 2016; Romberg & Saffran, 2013）。

相比之下，越来越多的证据表明内隐学习存在跨通道效应。例如，Cunillera 等人（2010 年）表明，如果视觉线索出现在转移概率边界附近，与听觉信息同时呈现的视觉信息可以改善听觉内隐学习（Sell & Kaschak，2009; Mitchel & Weiss, 2010; Thiessen, 2010）。类似地，Mitchel 等人（2014 年）使用 McGurk 错觉证明，学习者可以在统计学习任务中整合听觉和视觉输入。这些研究似乎为实验四 a 中观察到的缺乏促进效应提供了相反的证据。另一方面，Mitchel 和 Weiss（2011）发现，当视觉和听觉信息流中的三连体边界不同步时，则会干扰内隐学习。这也和研究四 b 的结果相反。

本研究的实验设计可能不足以检测不同条件下的学习差异。然而，不同研究之间效果差异的另一个原因是，本研究使用的是人工语法，这涉及对新刺激的模式学习和概括，与上述其他研究使用的范式不同，后者使用传统的三连体任务，其并不涉及新序列的提炼，而是需要识别熟悉的三连体和不熟悉的三连体。有可能在这样相对简单的设计中的学习不涉及对新刺激的概括，而是反映了更明确的学习和记忆过程（依赖于内侧颞叶，Schapiro et al., 2014），而人工语法学习也主要涉及纹状体和额叶系统，如基底神经节和前额叶皮质（Conway & Pisoni，2008），它们被认为构成了程序性记忆系统（Ullman，2004）。因此，未来的研究需要理清任务在获得完全不同的跨通道效应中的作用。

还应该指出的是，其他采用人工语法学习任务（与本文使用的任务相同）的研究已经证明，在某些条件下，学习可能会被干扰。例如，Hendricks 等人（2013）表明，当被试同时参与工作记忆任务和标准人工语法学习任务时，如果工作记忆任务发生在测验阶段，或者语法学习任务涉及迁移，学习就会中断。同样，在 Conway 和 Christiansen（2006）的实验 3 中，当两组语法中的刺激在知觉上相似时，学习就会被干扰。这些发现表明，人工语法学习很容易受到干扰，而在实验四 b 中又没有观察到视听通道的干扰效应，因此可能表明干扰效应的确没有发生，即视听通道的内隐学习是独立并行发生的。

5. 结论

被试能够同时跟踪呈现在视听两个感觉通道且不论规则是否相同的两套序列，表明多重感官的内隐学习可以同时且独立发生，而学习者具有多重感官的内隐学习能力也许能表明多重学习子系统的存在。

第七章

选择性注意对听觉内隐学习的影响

人类是怎样在浩如烟海的信息环境中专注于一个任务的?本章则探讨“一心专用”背后的心理机制。本研究采用双耳分听技术，在听觉通道同时呈现具有不同规则的字母序列和数字序列，考查被试在听觉刺激下对注意序列和未注意序列构成规则的习得情况。结果发现:只有选择注意的序列规则被习得，未选择注意的序列规则未被习得。研究表明:只有选择注意的刺激维度能够发生内隐学习，即选择性注意是内隐学习“一心专用”背后的心理机制。本研究将选择性注意对内隐学习的影响从视觉刺激拓展到了听觉刺激。

一、问题提出

内隐序列学习与注意的关系是内隐学习研究中的一个热点问题，目前还存在着很大的争议（付秋芳 & 傅小兰，2006）。Turk-Browne, Jungé 和 Scholl（2005）为了探讨视觉内隐学习的自动化问题，给被试呈现 24 个图形，其中一半图形的颜色为红色，另一半为绿色，每种颜色的图形又分成四组，每组构成一个包含三个图形的三联体（triplet），将两种颜色的三联体交替呈现给被试，每个三联体的最后一个图形重复出现，当重复的图形出现时，要求被试进行按键反应。为了控制被试的注意，要求被试只对某一种颜色的重复图形进行探测反应。结果发现，被试仅习得进行探测反应的相应颜色的序列规则，而没有习得未进行探测反应的另一种颜色的序列规则。因此，Turk-Browne 等认为内隐学习的发生需要选择性注意。

然而，Jiang 和 Leung（2005）在考察忽略的背景信息是否能够被内隐地习得时得到与 Turk-Browne 等（2005）相反的研究结果。Jiang 和 Leung（2005）要求被试在分心物中搜索目标刺激。实验共分两个阶段，第一个阶段，目标刺激为黑色 T，分心物为黑色 L 和白色 L。这样，黑色 L 就构成了注意背景，白色 L 则构成了忽略的背景。第二个阶段，把第一阶段中的白色 L 变为黑色 L，黑色 L 变为白色 L，依然要求被试搜索目标刺激黑色 T。如果忽略的背景能够被习得，则当第一阶段中白色 L 背景在第二阶段中变成黑色的 L 背景时，会显示出线索效应，从而会提升搜索速度；如果第一阶段中忽略的背景未被习得，则在第二个阶段中不会对目标的搜索有帮助作用。结果发现，先前忽略的白色 L 背景变成注意的 L 背景时，立刻显示出线索效应。因此，内隐学习的发生不需要注意（Guo et al., 2013; Jiang & Leung, 2005）。Huang, Zhang, Liu, Li 和 Wang（2014）的研究也支持这一观点，Huang 等给被试呈现三种类型的刺激材料，一种是无背景的字母序列，一种是有颜色背景的字母序列，颜色背景又分为规则颜色背景和随机颜色背景，要求被试仅对字母进行记忆。结果发现，随机颜色背景组的成绩显著低于另外两个组，而规则颜色背景组和无颜色背景组没有显著差异，表明背景信息影响了被试对字母的学习，也就是说被试能够内隐地习得背景信息，内隐学习的发生不需要注意。一些研究者甚至把内隐学习看作是与有目的、有选择的学习相对照的另一种学习方式（N. A. Hayes & Broadbent, 1988; Romberg & Saffran, 2013）。

最近的一项研究采用了与 Turk-Browne 等（2005）相同的实验程序和相似的实验材料，也得到了与之相反的结论。Musz 等给被试交替呈现两种颜色的图形序列，与 Turk-Browne 等人（2005）不同的是，探测目标不再是相继出现的相同的序列元素，而是一个随机呈现的图形，尽管探测目标出现在两种颜色的序列中，但只要求被试对指定的颜色序列进行探测反应。结果发现，被试不仅习得了进行探测反应的序列结构规则，也习得了未进行探测反应的序列结构规则（Musz, Weber& Thompson-

Schill, 2015)。

上述研究均采用序列反应时任务(SRT),且大部分的研究支持了“内隐学习的发生不需要选择性注意”这一观点。相对于SRT范式,人工语法学习(AGL)范式下的探讨则要少得多。由于序列反应时任务与人工语法学习的原理有很大区别,由前者得出的结论不一定适用于后者。比如经典SRT范式表明,尽管被试没有意识到序列规则的存在,但其反应时还是会随着固定序列的重复而逐渐下降,这说明被试在固定序列中做出选择反应的心理过程被易化,对固定序列中的目标刺激做出反应相对容易,从而使反应时得以缩短;而对于随机序列的反应较难,从而使反应时延长(胡彬、冯成志, 2013)。相反,经典的AGL范式在学习阶段要求被试记忆由特定语法规则生成的一系列字符串,但并不告知被试这些字符串遵从一定规则,测验开始前告诉被试,在学习阶段呈现的字符串是由一定规则构成的,并要求被试判断接下来呈现的字符串是否与学习阶段的字符串具有相同的规则,如果被试的判断正确率高于概率水平,且在意识性测验中被试又表现出了对规则习得的无意识性,由此表明被试内隐地习得了语法规则(张润来、刘电芝, 2014)。总之,SRT在预测的基础上能够进行错误矫正,而AGL更倾向于是对刺激的一种自动化的组块加工(Haider, Eberhardt, Kunde & Rose, 2013; Tanaka, Kiyokawa, Yamada, Dienes & Shigemasu, 2008)。由于SRT和AGL的学习机制不同,因此选择性注意在不同的实验范式中的作用及其表现形式也可能不同。基于此,有必要在人工语法学习范式下,对选择性注意在内隐学习中的作用展开了探讨。

Tanaka 等（2008）为了对选择性注意进行控制，采用 GLOCAL 字母串作为学习材料。GLOCAL 字母串是一系列的合成字母，每个合成字母代表着一个更大的字母（global letter），而每个大字母都是由一个小字母（local letters）的集合构成。GLOCAL 字母串可以使被试同时看到两个不同的序列，例如，被试可以同时看到 global 字母序列为 NVJTVJ，local 字母序列为 BYYFLB。global 字母遵从一个语法，local 字母遵从另一个语法，要求被试对某个水平的字母序列进行抄写，以此对选择性注意进行控制。如果内隐学习的发生需要选择性注意，则被试只能习得进行抄写的序列规则，而不能习得未抄写的序列规则。结果被试仅习得了抄写的序列规则。由于 Tanaka 等（2008）的实验中，序列分别呈现在 global 和 local 的位置，这种不对等的位置信息或许会影响被试对序列规则的学习，从而影响实验结论。于是，Eitam 等（2009）在 Tanaka 等（2008）的基础上改进了实验设置，给被试呈现具有颜色背景的字母序列，颜色背景是一个方框，字母则充满整个方框，这样就避免了 GLOCAL 字母在位置及大小上处于悬殊的不对等状态的问题。字母构成的序列遵从一个语法规则，背景颜色构成的序列遵从另一个语法规则。要求被试记忆字母序列或颜色序列，发现被试同样仅能够习得选择注意的信息。由于 Eitam 等（2009）的实验材料具有字母与颜色两个不同的维度，Eitam 等（2013）认为或许是实验材料的不同维度而不是选择性注意导致了这一结果。为了进一步验证 Eitam 等

（2009）的实验结果，Eitam 等（2013）采用具有相同维度的刺激材料，选取了 10 种不同的颜色，5 种颜色分配给同心圆的内圆，5 种颜色分配给同心圆的外圆。内圆颜色构成的序列遵循一个语法规则，外圆颜色构成的序列遵循另一个语法规则，要求被试对内圆或外圆的颜色进行记忆，结果只有被执行记忆任务的序列规则被习得。这些研究均表明，选择性注意对人工语法学习具有充分的调节作用。

可见，关于注意在内隐学习中的作用，研究结论之间并不一致，这可能源于实验范式、实验材料或实验设置的不同。同时，也有一些争论源自对注意概念本身的界定不清晰，混淆了注意作为资源与作为选择机制的界限，因为两者的理论基础是不同的。在此，我们对两者进行明确的区分。注意作为资源是源于注意的“认知资源理论”，认为人的认知资源是有限的，任何一项认知活动都需要占用和消耗一定的认知资源，认知活动越复杂，占用的认知资源就越多，如果同时进行两项及以上的活动，就会出现多项认知任务同时竞争有限的认知资源的情况（Kahneman, 1973; Redick et al., 2016）。注意作为选择机制是源于注意的“选择性理论”，认为从外界进入感觉通道的信息量非常大，由于信息加工系统结构的限制，无法对作用于感官的所有刺激进行注意加工，只能对刺激进行选择性的注意加工（Johnston & Heinz, 1978; Schwarzkopp, Mayr & Jost, 2016）。有关注意与内隐学习关系的研究表明，注意作为一种资源，并不因为第二任务占用了注意资源，而影响被试对第一任务的学习（Jiang & Leung, 2005）。注意作为一种选择机制，对两个任务中的一个任务进行选择注意，只有选择注意的信息能够发生内隐学习（Aslin, 2017; Turk–Browne et al., 2005）。本研究将进一步探讨“注意”作为选择机制对内隐学习的影响。

文献梳理发现，以往对人工语法学习的研究所用实验材料均为视觉刺激。尽管人工语法学习并没有限定刺激类型，刺激是随机选择的，比如图形、颜色、字母等，但上述研究均是对视觉刺激进行选择性注意的控制，并没有探讨视觉刺激之外的其他刺激类型。选择性注意在人工语法学习中所体现出来的调节作用是否源于或仅限于视觉认知的特点？Conway 和 Christiansen（2009）及石文典、李秀君、王维和严文华（2013）在比较视觉和听觉内隐学习时发现，人类的内隐学习存在通道特异性。那么，选择性注意对内隐学习的影响是否也具有通道特异性？为了探讨这一问题，我们将实验材料扩展到听觉刺激，对选择性注意与听觉内隐学习的关系进行研究。因为听觉是人类获得语言的重要通道，对听觉内隐学习的研究有助于人们更好地理解人类语言的获得过程，同时还能够为通道特异性或者通道共同性提供新的证据。因此，对这一问题做进一步探讨非常必要。

研究采用人工语法学习（AGL）的发展范式——双人工语法学习（2AGL）范式（Tanaka et al., 2008），将遵循不同语法规则的两种序列同时呈现给被试，使被试同时接收到两个序列刺激，即两个刺激均在注意范围内，但指导被试选择注意其中一个序列刺激。根据文献，执行一定的任务可以直接导致注意对这一序列刺激的指向（Jiang & Chun, 2001; Jiang & Leung, 2005）。因此，可以通过指导被试对其中一个序列刺激进行任务加工，比如记忆或复述，从而实现一个序列刺激在注意范围内并被选择注意，另一个序列刺激在注意范围内但被忽略。

双耳分听是研究听觉通道选择性注意的常用范式（罗跃嘉、魏景汉，1997）。双耳分听技术能够实现在左耳和右耳同时呈现两种不同的刺激，而追随耳程序则是对某一只耳或两只耳听到的信息执行一定的任务加工。本研究通过双耳分听技术同时呈现具有不同语法规则的两种刺激——字母序列和数字序列，要求被试对追随耳的信息进行复述和记忆。因此，追随耳的序列为选择注意序列，非追随耳的序列为忽略序列。以此考察被试对选择注意和忽略序列的习得情况，从而为选择性注意对内隐学习的影响提供进一步的证据。如果选择性注意是听觉内隐学习发生的条件，则只有被选择注意的信息流能够发生内隐学习，忽略的信息流则不能发生内隐学习。

二、实验五

1. 实验目的

在左耳和右耳同时呈现具有不同语法规则的两种刺激——字母序列和数字序列，要求被试复述并记忆一只耳的序列，测量被试对选择注意和忽略序列的习得情况。

2. 方法

（1）被试。

随机选取在校本科生 60 名（男女各半），所有被试听力正常，年龄在 20~24 岁，以前均未参加过类似实验。

（2）实验材料与仪器。

实验仪器为电脑，配备耳机。采用 E-prime 进行编程。学习阶段采用两个不同的人工语法（AG）（Tanaka et al., 2008）（如图 7-1）。语法一包括 5 个字母（N,C,D,V,K），语法二包括 5 个数字（2, 4, 6, 7, 9），每个语法产生出 18 个合法序列，这些序列包含 3~6 个元素（见附录 5）。测验阶段包括由 20 个新合法序列（每个语法各产生 10 个）和 20 个非语法序列（见附录 6），每个序列包含 5~6 个元素。非语法序列均由合法的第一个元素开始，合法的最后一个元素结束，中间违反语法两次。

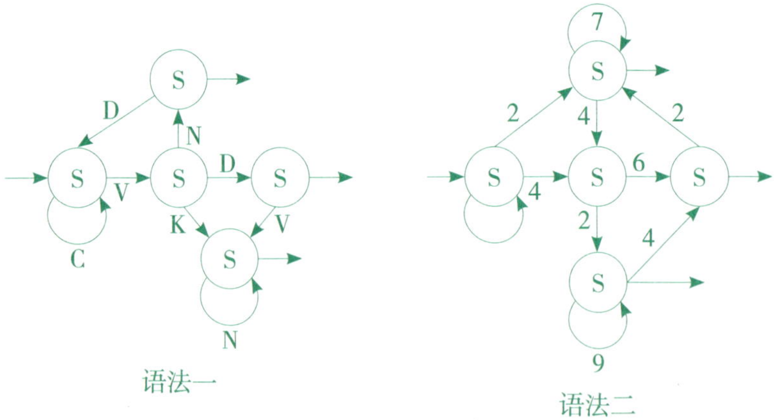

图 7-1　人工语法图

（3）实验设计与程序。

采用 2（序列类型：字母序列 / 数字序列）×2（注意指向：选择注意 / 忽略）组间设计。

学习阶段，采用双耳分听和追随耳程序。将不同语法但长度相同的序列随机组对通过耳机同时呈现，字母序列在一只耳呈现，数字序列在另一只耳呈现（如图 7-2），平衡字母或数字序列在左右耳的呈现顺序。要求被试仅注意一只耳的信息，一组被试被要求注意并记忆字母序列（字母序列组），另一组被试被要求注意并记忆数字序列（数字序列组）。为了使被试尽可能地只注意一只耳朵（追随耳）的信息，让被试复述事先规定的那只耳朵听到的元素（字母或数字）。每个元素呈现 1000 ms，前后呈现的元素之间没有时间间隔，序列与序列之间的间隔是 2000 ms。每个序列呈现三次，一共是 108 个 trials（Eitam, Schul & Hassin, 2009）。

测验阶段，在测验开始之前，根据被试学习的序列类型，告诉被试：刚才听到的字母序列或数字序列是按照一定的复杂规则构成的，现在呈现给你们的是新的序列，其中部分是按照同一个规则产生的，而其他部分不是，这些序列是随机呈现的，你们需要完成的任务是对这些序列进行分类，如果新的序列是由学习阶段的规则产生的，则按 yes；若不是，则按 no。被试按键反应后，呈现下一个序列。测验阶段只呈现字母序列或数字序列。测验阶段的序列呈现时间与学习阶段相同。

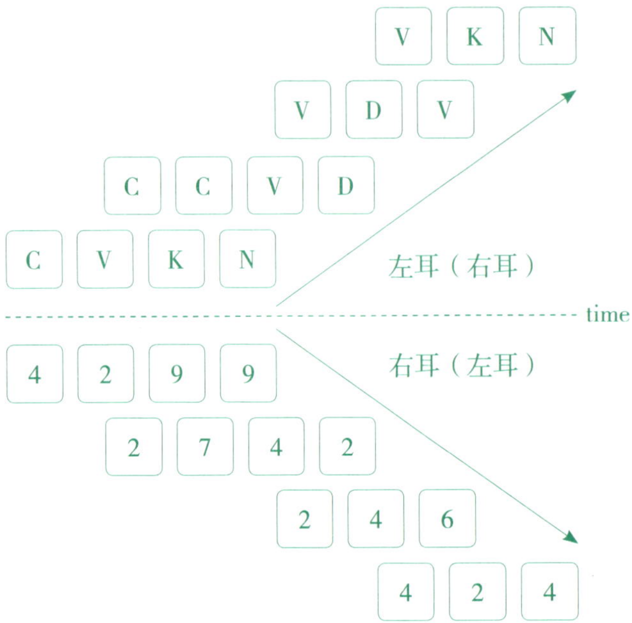

图 7-2　字母序列和数字序列同时呈现

3. 结果与分析

表 7-1　单维度序列学习的测验正确率（$M \pm SD$）

	注意指向	
	选择注意	忽略
序列类型	正确率（%）	正确率（%）
字母序列	64.65±8.95	45.65±10.00
数字序列	58.20±12.35	46.45±8.20

由于 2 名被试未看懂实验程序，有效被试共 58 名。字母序列

组的有效被试为30人，其中选择注意组15人，忽略组15人；数字序列组的有效被试为28人，其中选择注意组14人，忽略组14人。描述统计结果显示（见表7–1），无论字母序列还是数字序列，选择注意时的测验成绩均好于忽略。2（序列类型：字母序列vs.数字序列）×2（注意指向：选择注意vs.忽略）方差分析表明，注意指向主效应显著，$F_{(1,\ 54)}=34.52$，$p<0.001$，$\eta p^2=0.39$；序列类型主效应不显著，$F_{(1,\ 54)}=1.18$，$p=0.28$；注意指向与测验类型交互作用不显著，$F_{(1,\ 54)}=1.90$，$p=0.17$。因此，选择性注意对内隐学习具有明显的调节作用，序列类型对测验成绩没有太大影响。

由于选择性注意是本研究关注的核心问题，为了更为清晰地展现选择注意序列与忽略序列的差异，我们对每种序列类型的选择注意序列与忽略序列学习成绩分别进行独立样本t检验。结果发现，两种序列类型的选择注意与忽略序列的学习成绩差异均显著。当序列类型为字母序列时，$t_{(28)}=5.49$，$p<0.001$，$d=1.47$；当序列类型为数字序列时，$t_{(26)}=2.98$，$p=0.006$，$d=1.38$。这表明，被试对选择注意序列规则的学习好于忽略的序列规则，这一结论与假设一致。

为了检验每种实验条件下内隐学习是否发生，我们对每个单元格的测验正确率与概率水平进行了比较。如果被试的测验成绩高于概率水平，则表明被试习得了序列规则，即发生了内隐学习；如果被试的测验成绩与概率水平相当，则表明被试未习得序列规则，即没有发生内隐学习。根据文献（Conway & Christiansen, 2006），在所有的实验条件下，概率水平被定义为50%。对选择注意的字母序列、数字序列学习成绩分别进行单样本t检验（与概率水平相比较），发现选择注意时两种序列类型的学习成绩均显著高于概率水平，序列类型为字母序列时，$t_{(14)}=6.34$，$p<0.001$，$d=1.64$；测验类型为数字序列时，$t_{(13)}=2.49$，$p=0.03$，$d=0.66$。对忽略的字母序列、数字序列学习成绩分别进行单样本 t 检验（与概率水平相比较），发现两种序列类型的学习成绩均与概率水平无显著差异，序列类型为字母序列时，$t_{(14)}=-1.68$，$p=0.12$；序列类型为数字序列时，$t_{(13)}=-1.63$，$p=0.13$。上述结果表明，选择注意时发生了内隐学习，而忽略时未发生内隐学习。

4. 讨论

实验五同时呈现的字母序列和数字序列均在注意范围内，被试听到了两个序列，理论上应该能够同时习得两个序列的语法规则。但事实上，只有选择注意的序列规则被习得。这一现象可以被解释为，内隐学习的发生需要选择性注意。当然，这个解释还可能会面临两种质疑。第一，可能是由于语法规则比较复杂，被试对选择注意序列的学习耗费了内隐学习所需要的所有能量，致使被试只习得了选择注意序列的语法规则，忽略的序列规则未被习得（Eitam et al., 2009）。换句话说，忽略的序列规则未被习得，是由于被试不能同时习得听觉呈现的两个不同的语法规则，而不论两种序列是否被选择注意。第二，也可能是被试事实上习得了忽略序列的语法规则，只是不能在测验阶段进行应用，导致忽略的序列规则的学习成绩处于概率水平。

针对上述两种质疑，我们设计了实验六做进一步的考证。在学习阶段要求被试同时记忆两个维度的序列，以考察被试是否能够同时习得两个不同维度的序列规则（Abla et al., 2008）。

三、实验六

1. 实验目的

在左耳和右耳同时呈现具有不同语法规则的两种刺激——字母序列和数字序列，要求被试学习并记忆两个维度的序列，测量被试对两个维度序列规则的习得情况。

2. 方法

（1）被试。

随机选取 30 名大学生，选取标准同实验五。

（2）实验材料与仪器。

同实验五。

（3）实验设计与程序。

采用组间设计，将被试随机分为两组，要求被试同时记忆字母序列和数字序列。测验阶段，一组被试测验字母序列，另一组被试测验数字序列。其他同实验五。

3. 结果与分析

表 7-2　双任务序列学习的测验正确率（$M \pm SD$）

	序列类型	
	字母序列	数字序列
正确率（%）	62.34±8.85	56.79±11.55

由于1名被试中途退出，有效被试共29人，其中字母序列组被试为15人，数字序列组被试为14人。描述统计结果显示（见表7–2），字母序列组的学习成绩好于数字序列组。为了检验双任务学习时序列类型是否影响被试对序列规则的学习，我们对两种序列类型的学习成绩进行了独立样本 t 检验。结果发现二者差异并不显著，$t_{(27)}=-1.46$，$p=0.16$，这表明测验类型并不影响听觉通道的内隐学习。尽管两耳呈现的序列表面特征有差异，一个是字母序列，一个是数字序列，但对序列的深层结构——规则的习得并无差异。为了进一步检验双任务学习时被试是否能够习得两种序列规则，对字母序列、数字序列的学习成绩分别进行单样本 t 检验（与概率水平相比较）。结果发现，两种测验类型的学习成绩均显著高于概率水平。当测验类型为字母序列时，$t_{(14)}=5.41$，$p<0.001$，$d=1.40$；当测验类型为数字序列时，$t_{(13)}=2.20$，$p<0.05$，$d=0.59$。这表明尽管语法规则很复杂，被试依然能够成功地习得两种序列规则。

实验五要求被试要么记忆字母序列，要么记忆数字序列，即只有一个刺激被选择注意，而实验六要求被试同时记忆字母序列和数字序列，即两个刺激均被选择注意。对单任务和双任务的字母序列学习成绩进行独立样本 t 检验，$t_{(28)}=0.72$，$p=0.48$，二者差异不显著；对单任务和双任务的数字序列学习成绩进行独立样本 t 检验，$t_{(26)}=0.32$，$p=0.75$，二者差异也不显著。这说明单任务和双任务的学习成绩近乎一样好。

4. 讨论

实验六的结果表明，被试能够同时习得两个不同的序列规则，这就排除了实验五中“被试不能够同时习得两个不同语法规则”的推测。被试不仅习得了两个序列规则，而且能够在合法与不合法序列的区分任务中进行应用。所以，同时也推翻了“被试仅习得了两个不同的语法，但是不能全部应用”的推测。实验六的这些发现有力地佐证了实验五的结果，被试未能习得第二个语法是由于未选择注意所导致。

单任务和双任务的内隐学习差异不显著，体现了内隐学习具有心理资源节约性、无意识性、自动概括性等特点。该结果与石文典等（2013）的研究结果一致，石文典等在视听通道同时呈现两个信息流，发现被试能够同时习得两个信息流的规则，且与只呈现一个信息流时无显著差异，由此认为内隐学习并行存在多重学习系统，而本研究的实验六则为内隐学习并行存在多重学习系统提供了进一步的证据。

尽管单、双任务的内隐学习成绩差异不显著，但从描述统计的结果看（表 7–1 和表 7–2），实验六的内隐学习成绩不如实验五好，也就是双任务的内隐学习成绩不及单任务的好。这表明，在一定程度上内隐学习是需要耗费一定认知资源的。被试在实验六需要同时学习两个信息流，而在实验五只需要学习一个信息流，实验六的认知载荷高于实验五，被试在实验六执行双任务时对每个任务的资源分配要少于实验五执行相应的单任务，于是导致双任务的内隐学习成绩略差于单任务的内隐学习成绩。

Eitam 等（2009）发现，在相同的实验条件下，同时呈现在视觉通道的不同刺激材料其内隐学习效果不同，被试对字母序列的学习成绩好于颜色序列。我们对听觉通道考察的结果也发现，当刺激材料为声音时，实验五与实验六中字母序列的成绩略好于数字序列，但差异并不显著。因此，在听觉通道并未发现因材料类型不同而导致的学习差异这一现象，这表明内隐学习确实具有通道特异性。

四、总讨论

实验五呈现两个信息流，要求被试仅对一个信息流进行记忆，忽略另一个，测量被试对每个信息流的习得情况，结果发现被试对记忆的信息流的学习好于对忽略信息流的学习，并且记忆的信息流的学习成绩显著高于概率水平，而忽略的信息流的学习成绩与概率水平无显著差异。该结果的一种可能的解释是：只有选择注意的序列能够发生内隐学习，而忽略的序列不能发生内隐学习。然而，这一解释可能面临新的质疑：由于语法规则比较复杂，被试不能同时习得两个语法，即使能够同时习得两个语法却不能同时将两个语法进行应用，于是表现为一个信息流的学习成绩高于概率水平，另一个信息流的学习成绩与概率水平没有显著差异。到底被试能不能同时习得两个语法规则呢？我们在实验六中要求被试同时学习两个信息流，测验任务与实验五相同，这样两个信息流都被选择注意。结果发现被试不仅能够同时习得两个信息流的规则，并且能够在区分任务中进行应用。这就推翻了“不能习得或应用两个语法”的质疑，同时进一步证实了实验五的结果，只有选择注意的序列能够发生内隐学习，而不论选择注意一个序列还是两个序列。

至于忽略的刺激是否能够发生内隐学习，在一定程度上可能依赖于选择注意的刺激的复杂程度。复杂的刺激认知负荷高，简单的刺激认知负荷低，当目标刺激——选择注意的刺激的认知负荷足够高时，忽略的刺激尽管也在注意范围内，但依然不能很好地被加工（Koshino & Olid, 2015; Lavie, 2005）。与此相一致，Rowland 和 Shanks（2006）也发现，在序列反应时任务中，当目标任务认知负荷低时，分心序列也发生了内隐学习，而当目标任务认知负荷高时，分心序列则不能发生内隐学习。因此，目标刺激的低认知负荷有助于非目标刺激内隐学习的发生（Ling et al., 2015）。由此推论，在简单的环境中，无论选择注意还是忽略的刺激都更倾向于能够发生内隐学习；而在复杂的环境中，单个刺激获得的认知加工少于简单环境中的单个刺激获得的认知加工，因此必须对其进行选择注意以获得较多的加工才能发生内隐学习（Mayr, 1996; Weigard, Huang-Pollock & Brown, 2016）。本研究采用复杂的人工语法作为刺激材料，需要很高的认知负荷，被试必须对其进行选择注意和加工才能够获取结构规则。因此，只有选择注意的序列发生了内隐学习，而未选择注意的序列则没有发生内隐学习。当然，Mayr（1996）的这一观点是否同样适用于简单的语法学习还有待进一步的检验。

我们知道有一种现象，当我们和朋友在一个鸡尾酒会或某个喧闹场所谈话时，尽管周边的噪声很大，我们还是可以听到朋友说的内容。同时，在远处突然有人叫自己的名字时，我们会马上注意到。再比如，在周围交谈的语言不是我们的母语时，我们可以注意到较远处以母语进行的交谈。这个现象就是鸡尾酒会效应（Cocktail Party Effect, CPE）。该效应揭示了人类听觉系统中令人惊奇的能力，使我们可以有选择地注意某一个声音刺激。这也是听觉注意神经信息处理机制发挥重要作用的体现，它可帮助人类从复杂的背景噪音环境中快速精确地提取出感兴趣或重要的声音内容，并据此做出进一步的反应。实验五即为鸡尾酒会效应的体现，即当我们把注意集中到某个刺激时，其他的信息会被过滤掉，因此选择注意的信息被习得，未选择注意的信息不能被习得。有研究者在模拟人类听觉认知神经信息处理机制时也发现，在自然环境下，人类的听觉系统能够有效增强注意信息的显著性，降低和抑制非注意背景混叠音的干扰（刘扬、张苗辉、郑逢斌，2013）。实验六的结果表明当选择注意两个信息流时，被试能习得两个信息流的统计规则，这或许可以看作是鸡尾酒会效应的拓展，即只要是选择注意的信息均能够被习得，而不论是选择一个还是两个信息。

本研究同时支持了Triesman（1964）的注意衰减理论。该理论认为，人的信息加工总能力是有限的，信息加工过程中存在一个过滤器，但过滤器不是按“有或无”的方式工作，而是按照衰减的方式工作。当外界输入的信息通过过滤装置时，被注意或被追随的信息能完全通过，而不被注意或非追随的信息也能通过，但在强度上出现衰减。我们的研究结果表明选择注意的信息通过了过滤器得到了加工，没有被选择的信息则在强度上出现衰减，相对于选择注意的信息其学习成绩更为低下。当选择注意的信息是两个时，则两个信息流均通过了过滤器并得到了很好的加工。

五、结论

在人工语法学习范式中，当刺激维度被选择注意时内隐学习才能够发生。选择注意对人工语法学习的影响具有跨通道的适用性，不仅适用于视觉刺激，也同样适用于听觉刺激。

第八章

选择性注意对视觉内隐学习的影响

选择性注意在多刺激背景下如何调节内隐学习呢？本章探讨多刺激背景下选择性注意对内隐学习的影响。结果发现，当选择注意一个刺激时，背景数量越多则被试对选择注意的对象的学习效果越好。但是如果选择注意的刺激多于一个时，背景数量多则不会再促进对注意对象的学习效果。或许我们可以认为，背景数量对内隐学习的调节作用只是体现在注意一个刺激的情况下，也就是说只有选择注意的对象是唯一时，复杂背景相比简单的背景才会促进对注意对象的内隐学习。本文将此种现象称为选择注意的聚焦效应。当选择注意的对象多时，这种效应则减弱或消失。

一、问题提出

前文已经指出，内隐序列学习与注意的关系是内隐学习研究中的一个热点问题，目前还存在着很大的争议。有研究者在考察忽略的背景信息是否能够被内隐地习得时要求被试在分心物中搜索目标刺激，结果发现，先前被忽略的白色L背景变成被注意的L背景时，立刻显示出线索效应。因此研究者认为内隐学习的发生不需要注意（Jiang & Leung, 2005）。这一结论得到一些研究者的支持。

但是亦有一些研究者发现，内隐学习事实上是高度选择的过程。Turk-Browne, Jungé 和 Scholl（2005）在探讨视觉内隐学习的自动化问题时发现，被试仅习得了进行探测反应的那个颜色的序列规则，而没有习得未进行探测反应的另一个颜色的序列规则。因此，Turk-Browne 等认为内隐学习的发生需要选择性注意。

由于这些研究范式和采用的研究任务有差异，因此选择性注意（selective attention）在不同的实验范式中的作用及其表现形式也可能不同。因此，研究者采用统一的研究范式——人工语法研究范式，以相似的研究任务，对选择性注意在内隐学习中的作用展开了新一轮的探讨。这些研究均发现内隐学习的发生需要选择性注意。

然而，上述人工语法范式下有关选择性注意的研究均是在呈现两个刺激的基础上进行的。事实上，我们经常面临多重信息的复杂环境，不仅要在两个刺激中进行选择，而且往往要在更多的刺激中进行选择。那么，由此产生的一个新问题就是，上述研究发现的选择性注意对内隐学习的调节作用是否仅仅局限在两个刺激中选择注意一个刺激的情况？如果面临三个刺激乃至更多的刺激，选择注意的数量也不再是一个，而是两个或者更多时，选择注意的调节作用又是如何体现的呢？到底是在包含的刺激较少的简单刺激环境，还是有多个刺激呈现的复杂刺激环境，选择注意更具有调节作用？目前，这些问题悬而未决，也未见到在多个刺激背景中研究选择性注意的调节作用的相关研究。为了与前人的范式保持一致，本研究依然采用人工语法学习任务，通过五个实验探讨选择性注意对内隐学习的影响。

二、实验七　两个刺激背景下注意一个刺激的内隐学习

1. 实验目的

在电脑屏幕呈现具有不同语法规则的两种刺激——字母序列和图形序列，要求被试注意并记忆一种序列，测量被试对选择注意的序列和忽略的序列的习得情况。

2. 方法

（1）被试。

随机选取在校本科生 82 名（男女各半），所有被试的视力或者矫正视力正常，无色盲，年龄在 20~24 岁，以前均未参加过类似实验。

（2）实验材料与仪器。

实验仪器为电脑。采用 E-prime 进行编程。学习阶段采用两

个不同的人工语法（AG）(Tanaka et al., 2008)(如图 8–1)。语法一包括 5 个字母（N,C,D,V,K），语法二包括 5 种图形，为了方便在语法图上标识用 2, 4, 6, 7, 9 表示，每个数字对应一个图形(如图 8–2)，每个语法产生出 18 个合法序列，这些序列包含 3~6 个元素（见附录 5)。测验阶段包括由 20 个新合法序列（每个语法各产生 10 个）和 20 个新非法序列（见附录 6)，每个序列包含 5~6 个字母。非法序列均由合法的第一个元素开始，合法的最后一个元素结束，中间违反语法两次。

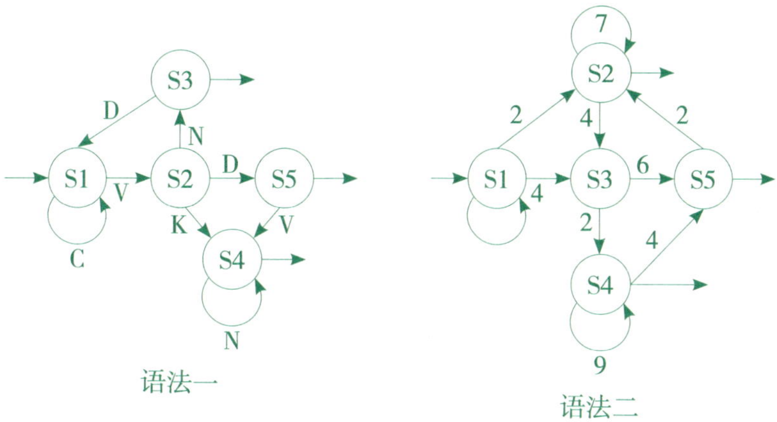

图 8–1　人工语法图

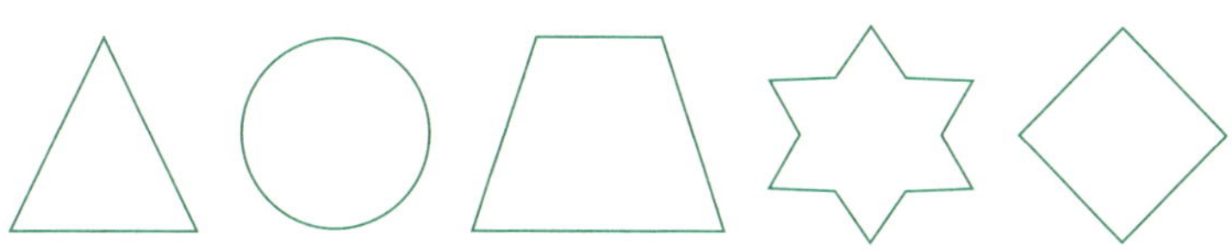

图 8–2　语法二 2，4，6，7，9 所代表的图形

（3）实验设计与程序。

采用 2（序列类型：字母序列 / 图形序列）×2（注意指向：选择注意 / 忽略）组间设计。

学习阶段，将不同语法但长度相同的序列随机组对通过电脑屏幕同时呈现，字母序列在嵌在图形里。要求被试仅注意字母序列，一组被试被要求注意并记忆字母序列（字母组），另一组被试被要求注意并记忆图形序列（图形组）。为了使被试更好地注意指定的序列，让被试复述事先规定的元素（字母或图形）。每个元素呈现 1000ms，前后呈现的元素之间没有时间间隔，序列与序列之间的间隔是 2000ms。每个序列呈现三次，共 108 个 trials（Eitam et al., 2009）。

测验阶段，在测验开始之前，根据被试学习的序列类型，告诉被试：刚才看到的字母序列或图形序列是按照一定的复杂规则构成的，现在呈现给你们的是新的序列，其中部分是按照同一个规则产生的，而其他部分不是，这些序列是随机呈现的，你们需要完成的任务是对这些序列进行分类，如果新的序列是由学习阶段的规则产生的，则按 yes；若不是，则按 no。被试按键反应后，呈现下一个序列。测验阶段只呈现字母序列或图形序列。测验阶段的序列呈现时间与学习阶段相同。

3. 结果与分析

由于 1 名被试未看懂实验程序，有效被试共 81 人。描述统计结果显示（见表 8-1），无论字母序列还是图形序列，选择注意时的测验成绩均好于忽略。2（序列类型：字母序列 vs. 图形序列）×2（注意指向：选择注意 vs. 忽略）方差分析的结果表明，注意指向主效应显著，$F_{(1,\ 77)}=77.27$，$p<0.001$，$\eta^2=0.50$；序列类型主效应不显著，$F_{(1,\ 77)}=1.11$，$p=0.30$；注意指向与测验类型交互作用不显著，$F_{(1,\ 77)}=0.48$，$p=0.51$。这表明，选择性注意对内隐学习具有明显的调节作用，序列类型对测验成绩没有太大影响。

由于选择性注意是本研究关注的核心问题，为了更为清晰地展现选择注意序列与忽略序列的差异，我们对每种序列类型的选择注意序列与忽略序列学习成绩分别进行独立样本 t 检验。结果发现，两种序列类型的选择注意与忽略序列的学习成绩差异均显著。当序列类型为字母序列时，$t_{(39)}=7.66$，$p<0.001$，$d=2.36$；当序列类型为图形序列时，$t_{(38)}=5.14$，$p<0.001$，$d=1.59$。这表明，被试对选择注意序列规则的学习好于忽略的序列规则。

为了检验每种实验条件下内隐学习是否发生，我们将每个单元格的测验正确率与概率水平相比较。如果被试的测验成绩高于概率水平，则表明被试习得了序列规则，即发生了内隐学习；如果被试的测验成绩与概率水平相当，则表明被试未习得序列规则，即没有发生内隐学习。在所有的实验条件下，概率水平被定义为 50%（Conway & Christiansen, 2006）。对选择注意的字母序列、图形序列学习成绩分别进行单样本 t 检验（与概率水平相比较），发现选择注意时两种序列类型的学习成绩均显著高于几率水平，序列类型为字母序列时，$t_{(19)}=9.14$，$p<0.001$，$d=2.04$；测验类型为图形序列时，$t_{(19)}=9.12$，$p<0.001$，$d=2.10$。

对忽略的字母序列、图形序列学习成绩分别进行单样本 t 检验（与概率水平相比较），发现两种序列类型的学习成绩均与概率水平无显著差异，序列类型为字母序列时，$t_{(20)}=-0.64$，$p=0.53$；序列类型为图形序列时，$t_{(20)}=1.02$，$p=0.32$。上述结果表明，选择注意时发生了内隐学习；忽略时未发生内隐学习。这一结果与已有的研究结果一致（Jiang & Chun, 2001; 李秀君、石文典 , 2016）。

表 8-1　选择注意一个序列的测验正确率（$M \pm SD$）

	注意指向	
	选择注意	忽略
序列类型	正确率	正确率
字母序列	0.68±0.09	0.49±0.07
图形序列	0.69±0.09	0.52±0.11

4. 讨论

如果内隐学习的发生不需要选择性注意，被试听到了两个序列，应该能够同时习得两个序列的语法规则。但事实上，只有选择注意的序列规则被习得。这一现象可以初步被解释为，内隐学习的发生需要选择性注意。此外，还可能存在其他的两种解释。第一，可能是由于语法规则比较复杂，被试对选择注意序列的学习耗费了内隐学习所需要的所有能量，致使被试只习得了选择注意序列的语法规则，忽略的序列规则未被习得（Eitam et al., 2009）。换句话说，忽略的序列规则未被习得，是由于被试不能同时习得听觉呈现的两个不同的语法规则，而不论两种序列是否被选择注意。第二，也可能是被试事实上习得了忽略序列的语法规则，只是不能在测验阶段进行应用（Goujon, Didierjean & Thorpe, 2015; Jiang & Leung, 2005），导致忽略的序列规则的学习成绩处于概率水平。

为了对后两种可能进行考证，实验八在学习阶段要求被试同时记忆两个维度的序列，以考察被试是否能够同时习得两个不同维度的序列规则。

三、实验八 两个刺激背景下注意全部刺激的内隐学习

1. 实验目的

要求被试学习并记忆两个维度的序列，测量被试对两个维度序列规则的习得情况。

2. 方法

（1）被试。

随机选取 39 名大学生，选取标准同实验七。

（2）实验材料与仪器。

同实验七。

（3）实验设计与程序。

采用组间设计，将被试随机分为两组，要求被试同时记忆字母序列和图形序列。测验阶段，一组被试测验字母序列，另一组被试测验图形序列。其他与实验七同。

3. 结果与分析

由于 1 名被试中途退出，有效被试共 38 人。为了检验双

任务学习时序列类型是否影响被试对序列规则的学习，我们对两种序列类型的学习成绩进行独立样本 t 检验。结果发现字母序列的测验正确率（M=0.62±0.07）与图形序列的测验正确率（M=0.63±0.09）的差异不显著，$t_{(36)}=-0.45$，$p=0.656$。这表明测验类型不影响内隐学习。为了进一步检验双任务学习时被试是否能够习得两种序列规则，对字母序列、图形序列的学习成绩分别进行单样本 t 检验（与概率水平相比较）。结果发现，两种测验类型的学习成绩均显著高于概率水平。当测验类型为字母序列时，$t_{(18)}=7.31$，$p<0.001$，$d=1.71$；当测验类型为图形序列时，$t_{(18)}=6.48$，$p<0.001$，$d=1.44$。这表明被试成功地习得了两种序列规则。

实验七要求被试选择注意一个刺激，而实验八要求被试同时注意两个刺激。对单任务和双任务的字母序列测验正确率进行独立样本 t 检验，$t_{(37)}=2.47$，$p=0.020$，$d=0.80$，二者差异显著；对单任务和双任务的图形序列学习成绩进行独立样本 t 检验，$t_{(37)}=2.08$，$p=0.045$，$d=0.67$，二者差异显著。上述结果表明，单任务比双任务学习成绩好。

4. 讨论

双任务的内隐学习成绩不及单任务的好，但这一差异并不具有统计学意义，另外又体现了内隐学习具有心理资源节约性、无意识性、自动概括性等特点（Chen et al., 2016; Romberg & Saffran, 2013）。从描述统计的结果看，双任务的内隐学习成绩不及单任务的好。因为同时学习两个信息流的认知载荷高于只学习一个信息流，被试在执行双任务时对每个任务的资源分配要少于执行相应的单任务，于是导致双任务的内隐学习成绩差于单任务的内隐学习成绩。这表明在一定程度上内隐学习是需要耗费一定认知资源的。

实验八的结果表明，被试能够同时习得两个不同的序列规则，这就排除了实验七中“被试不能够同时习得两个不同语法规则”的推测。被试不仅习得了两个序列规则，而且能够在合法与不合法序列的区分任务中进行应用。所以，同时也推翻了“被试仅习得了两个不同的语法，但是不能全部应用”的推测。实验八的这些发现有力地佐证了实验七的结果，被试未能习得第二个语法是由于未被选择注意所导致（Eitam et al., 2013）。

选择性注意对内隐学习的调节作用是否仅局限于两个刺激的情况？为了对选择性注意对内隐学习的调节作用进行更进一步的考查，实验九给被试呈现多个刺激背景，要求被试选择注意一个刺激，以考察被试是否能够同时习得两个不同维度的序列规则。

四、实验九　三个刺激背景下注意一个刺激的内隐学习

1. 实验目的

给被试呈现三个序列，要求被试学习并记忆一个序列，忽略另外两个序列，测量被试对选择注意和忽略序列的习得情况。

2. 方法

（1）被试。

随机选取 58 名大学生，选取标准同实验七。

（2）实验材料与仪器。

除了增加一个颜色序列之外，其他与实验七同。增加的颜色序列是由不同于实验七的两个语法的新语法——语法三产生（见图 8-3），语法三的数字（1,2,3,4,5）代表五个不同的颜色（红、蓝、黄、绿、黑）。

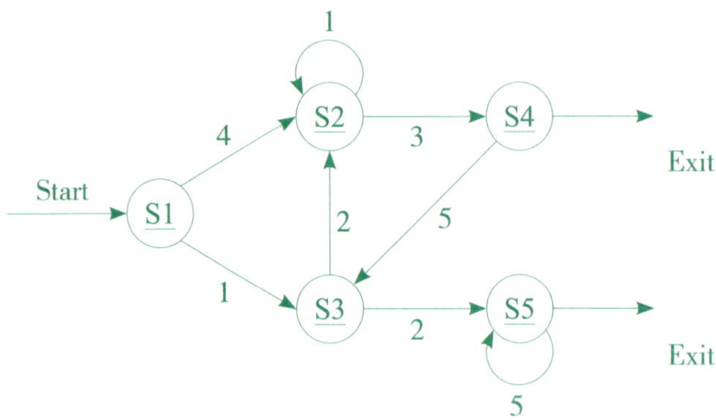

图 8-3　语法三

（3）实验设计与程序。

采用组间设计，将被试随机分为三组。要求所有被试注意并记忆一个序列（字母），忽略另两个序列（图形和颜色）。测验阶段，一组被试测验注意的序列，两组被试测验忽略的序列，其中一组被试测验忽略的图形序列，一组被试测验忽略的颜色序列。其他与实验七同。

3. 结果与分析

由于 1 名被试中途退出，有效被试共 57 人。为了检验多任务学习时选择注意和忽略的序列学习是否有差异，我们对三种序列类型的测验成绩进行单因素方差分析，结果发现差异显著，$F_{(54)}=25.19$, $p<0.001$, $\eta^2=0.483$。进一步进行两两比较发现（见表 8–2），选择注意的字母序列测验正确率要好于忽略的图形序列和颜色序列，忽略的两个序列的测验成绩差异不显著。

我们将注意序列与忽略序列的测验正确率分别与概率水平相比较，单样本 t 检验发现，注意序列的测验正确率显著高于概率水平 $t_{(18)}=10.607$，$p<0.001$，$d=2.43$；忽略的图形序列与概率水平无显著差异，$t_{(18)}=1.319$，$p=0.204$，$d=0.30$；忽略的颜色序列显著高于概率水平，$t_{(18)}=4.304$，$p<0.001$，$d=0.09$。这表明选择注意的序列发生了内隐学习，忽略的图形序列没发生内隐学习，而忽略的颜色序列也发生了内隐学习。

为了考察背景数量的多少是否影响内隐学习，将实验七和实验九选择注意的序列进行独立样本 t 检验，结果发现两种条件下选择注意的序列内隐学习差异显著，$t=-2.194$，$p=0.035$，$d=0.77$。实验九的内隐学习显著好于实验七的内隐学习，表明刺激背景数量对内隐学习有影响，三个背景下的聚焦效果好于两个背景。

表 8–2　实验九三个序列测验正确率的两两比较

	a–b	a– c	b– c
均值差	0.218	0.163	–0.055
p	0.000	0.000	0.205

Note：a 注意的序列（字母），b 忽略的序列（图形），c 忽略的序列（颜色）。

4. 讨论

三个刺激背景下选择注意一个序列刺激时，选择注意的序列发生了内隐学习，忽略的两个序列中的图形序列没发生内隐学习，而颜色序列发生了内隐学习。忽略的两个序列中一个发生学习，一个没有发生，原因可能在于图形与字母从视觉上看都是由线条构成，认知维度更相似。相对于图形和字母，颜色和字母在视觉上的认知维度差异更大。或许是认知维度影响选择注意的作用，当忽略的序列和选择注意的序列认知维度差异大时，即使被忽略，也能发生内隐学习。Conway 和 Christiansen（2006）为了考察内隐学习的表征是刺激特异性还是抽象表征，给被试在视觉和听觉通道分别呈现两个具有不同规则且属于不同认知维度的序列，视觉通道呈现图形和颜色序列，听觉通道呈现纯音和无意义音节序列，结果发现，被试能够同时习得视觉通道的两个序列，也能够同时习得听觉通道的两个序列。然而，当同时呈现的两个序列的认知维度属于同一个认知维度时，被试则不能同时习得两个语法规则。如视觉通道呈现两套图形序列，每套图形序列的语法规则不同，被试则不能同时习得两套图形的语法规则。同样，听觉通道呈现两套无意义音节序列，每套无意义音节的语法规则不同，被试也不能同时习得两套无意义音节的语法规则。该研究结果表明，刺激的认知维度会影响内隐学习，当认知维度相近时，对不同序列规则的学习会互相干扰；而当认知维度差异大时，不同序列的内隐学习可以互不干扰地独立发生。

关于选择注意对内隐学习的影响，前人的研究大多支持只有选择注意的序列才会发生内隐学习（Eitam et al., 2013; Tanaka et al., 2008），而忽略的序列不能发生内隐学习，但他们在探讨选择注意对内隐学习作用的时候，并没有涉及认知维度。本实验的结果表明，选择注意对内隐学习的调节作用并不是一致地发生，当忽略的刺激与注意的刺激认知维度差异大时，不仅选择注意的刺激能够发生内隐学习，忽略的刺激也能够发生内隐学习，这是一个新发现。

选择注意一个刺激，三个背景下的内隐学习好于两个背景，原因可能在于，背景少时忽略的序列更有可能起到分心刺激的作用，分心刺激会对选择注意的序列学习产生干扰。而当背景多时，则忽略的刺激更多地体现背景的作用，而不再是干扰作用，从而使得注意力更好地聚焦在选择注意的对象上。因此，多个背景下选择注意的序列的学习会更好。然而，实验九和实验七都是选择注意一个刺激，是否选择注意多个刺激时也会产生这样的效果呢？实验十给被试呈现三个刺激，要求被试选择注意两个刺激，以进一步考查被试是否能够同时习得两个不同维度的序列规则。

五、实验十　三个刺激背景下注意两个刺激的内隐学习

1. 实验目的

给被试呈现三个序列，要求被试复述并记忆两个序列，忽略另一个序列，测量被试对选择注意和忽略序列的习得情况。

2. 方法

（1）被试。

随机选取 61 名大学生，选取标准同实验七。

（2）实验材料与仪器。

同实验七。

（3）实验设计与程序。

采用组间设计，将被试随机分为三组。要求所有被试注意并记忆两个序列（字母和图形），忽略另一个序列（字母）。测验阶段，两组被试分别测验注意的字母序列和图形序列，另一组被试测验忽略的颜色序列。其他与实验七同。

3. 结果与分析

为了检验多任务学习时选择注意的序列和忽略的序列学习成绩是否有差异，对三种序列类型的学习成绩进行单因素方差分析，结果发现差异不显著，$F_{(2,\ 58)}=2.479$，$p=0.093$。

将注意序列和忽略序列的测验正确率分别与概率水平相比较，单样本 t 检验发现，注意的字母序列的测验正确率显著高于概率水平，$t_{(20)}=4.284$，$p<0.001$，$d=0.93$；图形序列的测验正确率也显著高于概率水平，$t_{(20)}=2.444$，$p=0.024$，$d=0.53$；忽略的颜色序列也显著高于概率水平，$t_{(18)}=4.095$，$p<0.001$，$d=0.91$。这表明不仅选择注意的序列发生了内隐学习，而且忽略的颜色序列也发生了内隐学习。

为了考察不同背景下，注意相同数量的刺激对内隐学习有何影响，将实验十三个背景下注意两个刺激与实验八两个背景下注意两个刺激时的对应序列相比较，独立样本 t 检验发现，两种背景下的字母序列差异不显著，$t_{(38)}=1.258$，$p=0.218$；两种背景下的图形序列差异也不显著，$t_{(37)}=1.136$，$p=0.263$。

4. 讨论

本实验在三个刺激背景下选择注意两个刺激时，选择注意的字母序列和图形序列都发生了内隐学习。与实验九相比较，实验十多选择注意了一个序列——图形序列。当图形序列被忽略时，没有发生内隐学习，但被选择注意时则发生了内隐学习。由此可以推断，选择注意对内隐学习的发生具有重要的调节作用。这与已有研究结果一致（Eitam et al., 2013; Turk-Browne et al., 2005）。本实验的一个重要发现是，被试能够同时习得大于两个的多个序列的内隐规则，这表明人类确实具有强大的内隐学习能力。

此外，除了选择注意的两个序列发生了内隐学习，忽略的颜色序列也发生了内隐学习。这一点和实验九的结果相一致，即忽略的序列认知维度与注意的序列认知维度差异大，会导致忽略的序列也发生内隐学习。三个背景下注意两个刺激，和两个背景下注意两个刺激的内隐学习进行跨实验的比较，在选择两个注意对象时，背景的多少对内隐学习没有影响；而三个背景下注意一个刺激与两个背景下注意一个刺激，选择注意的刺激的内隐学习却是有差异的。这或许可以解释为背景数量对内隐学习的影响只是体现在选择注意一个刺激的情况下，也就是说只有选择注意的对象是唯一时，多个背景条件相对于较少的背景能够促进选择注意的聚焦效果；当选择注意的对象多时，背景数量对选择注意所产生的聚焦效果的促进作用减弱。无论背后的原因是什么，实验十的结果表明背景数量对选择注意作用的发挥具有一定的影响。由此产生另一个问题，当背景相同，但选择注意不同数量的刺激对象时，内隐学习又会表现出怎样的规律呢?

六、实验十一　三个刺激背景下注意三个刺激的内隐学习

1. 实验目的

给被试呈现三个序列，要求被试注意并记忆所有的序列，测量被试对三个序列的习得情况。

2. 方法

（1）被试。

随机选取 59 名大学生，选取标准同实验七。

（2）实验材料与仪器。

同实验七。

（3）实验设计与程序。

采用组间设计，将被试随机分为三组。要求三组被试注意并记忆字母、图形、颜色三个序列。测验阶段，三组被试分别测验字母、图形和颜色序列。

3. 结果与分析

对三种序列类型的测验正确率进行单因素方差分析，结果发现差异不显著，$F_{(2,\ 56)}=2.033$，$p=0.141$。

将三种序列类型的测验正确率分别与概率水平相比较，单样本 t 检验发现，字母序列的测验正确率显著高于概率水平，$t_{(18)}=5.657$，$p<0.001$，$d=1.30$；图形序列的测验正确率显著高于概率水平，$t_{(20)}=2.591$，$p=0.017$，$d=0.57$；颜色序列的测验正确率显著高于概率水平，$t_{(18)}=2.927$，$p=0.009$，$d=0.67$。表明注意的三个序列均发生了内隐学习，且学习效果相当。

为了考察相同背景下注意的刺激数量是否影响内隐学习，将注意不同数量的序列时选择注意的序列测验正确率进行跨实验的比较，即对注意一个（实验九）、两个（实验十）、三个（实验十一）时被注意的序列测验正确率进行跨实验的比较，单因素方差分析发现，差异显著 $F_{(5,\ 117)}=5.731$，$p<0.001$，$\eta^2=0.204$。两两比较发现（见表 8–3），注意一个序列比注意两个、三个序列时的测验成绩要好，且差异均显著，而注意两个与注意三个时的测验成绩无显著差异，但描述统计（表 8–4）表明注意两个时的测验成绩还是要略好于注意三个，且注意两个序列时字母的成绩显著好于注意三个序列时的颜色成绩。

表 8–3　实验九、十、十一测验正确率的两两比较

	a1–a2	a1–b2	a1–a3	a1–b3	a1–c3	a2–a3	a2–b3	a2–c3	b2–a3	b2–b3	b2–c3
d	0.10	0.17	0.11	0.14	0.17	0.01	0.07	0.08	−0.04	−0.02	0.02
p	0.011	0.000	0.006	0.000	0.000	0.785	0.052	0.043	0.103	0.494	0.894

注释：a1 注意一个序列时的字母序列；a2 注意两个序列时的字母序列；b2 注意两个序列时的图形序列；a3 注意三个序列时的字母序列；b3 注意三个序列时的图形序列；c3 注意三个序列时的颜色序列。

表 8-4 多刺激背景下选择注意不同数量序列时的测验正确率（$M±SD$）

	正确率		
	字母	图形	颜色
选择注意一个（n=57）	0.750±0.103	0.531±0.104	0.586±0.088
选择注意两个（n=61）	0.650±0.160	0.595±0.103	0.562±0.116
选择注意三个（n=59）	0.639±0.107	0.576±0.135	0.571±0.106

4. 讨论

三个刺激背景下选择注意的三个序列均发生了内隐学习，且学习效果相当。这表明多个序列的内隐学习的确可以同时发生，这一结果与实验十相一致。

如果选择注意一个、两个还是三个序列时，内隐学习均能够发生，那么我们关心的下一个问题则是，在选择注意不同数量的序列时，内隐学习效果是否有所不同？结果显示，注意一个序列比注意两个、三个序列时的测验成绩要好，且差异均显著，而注意两个与注意三个时的测验成绩无显著差异，但从描述统计看注意三个时的测验正确率要低于注意两个的测验正确率。这表明，选择注意的数量在一定程度上还是影响内隐学习的发生（Musz et al., 2015; 李秀君、石文典, 2016），选择注意的数量越少内隐学习的效果越好。当选择注意的对象多时，内隐学习成绩有所下降。当选择注意的刺激对象是一个时，选择注意的聚焦效果最好，内隐学习成绩最高。由于选择注意两个与选择注意三个的测验成绩并无统计差异，表明选择注意聚焦范围虽然变广，但内隐学习依然可以发生，且学习效果近乎一样好。由此或许可以推断，选择注意的数量并不是影响内隐学习发生的关键因素，或许选择注意的聚焦范围才是关键因素，无论选择数量的多少，在选择注意的聚焦范围内内隐学习就可以发生。

七、总讨论

本研究通过五个实验，探讨选择性注意对内隐学习的影响。实验七给被试同时呈现两个信息流，两个信息流遵从两个不同的语法规则。要求被试注意一个信息流。结果发现，实验七的被试仅习得了注意的信息流的统计规则。实验八给被试同时呈现两个信息流，要求被试注意两个信息流。结果发现，被试习得了注意的两个信息流的统计规则。实验七（注意一个）对选择注意的信息流的内隐学习好于实验八（注意两个）对选择注意的信息流的内隐学习。实验九给被试同时呈现三个信息流，三个信息流遵从三个不同的语法规则。要求被试注意一个信息流。结果发现，被试习得了注意的信息流的统计规则。同时习得了忽略的一个信息流（颜色）的统计规则，但忽略的另一个信息流（图形）的统计规则没有被习得。实验九（三个背景，注意一个）对选择注意的信息流的内隐学习好于实验七（两个背景，注意一个）对选择注意的信息流的内隐学习。实验十给被试同时呈现三个信息流，三个信息流遵从三个不同的语法规则。要求被试注意两个信息流。结果发现，被试习得了注意的两个信息流（字母和图形）的统计规则，也习得了忽略的信息流（颜色）的统计规则。实验十（三个背景，注意两个）对选择注意的信息流的内隐学习与实验八（两个背景，注意两个）对选择注意的信息流的内隐学习无显著差异。但从描述统计上看，实验十对选择注意的信息流的内隐学习要好于实验八对选择注意的信息流的内隐学习。实验十一给被试交替呈现三个信息流，三个信息流遵从三个不同的语法规则。要求被试注意三个信息流。结果发现，被试全部习得注意的三个信息流的统计规则。

对实验九、十、十一被选择注意的信息流的习得情况进行跨实验的比较，结果发现，选择注意一个信息流（实验九）内隐学习效果最好，选择注意两个信息流（实验十）学习效果其次，选择注意三个信息流（实验十一）学习效果最差。但只有选择注意一个与选择注意非一个时（两个或三个时）的差异显著，而选择注意两个和选择注意三个时的差异不显著。

五个实验实质上探讨了如下几个问题：第一，内隐学习的发生是否需要选择性注意。第二，背景数量是否会影响选择性注意对内隐学习的调节作用。第三，背景数量一致，选择注意对象的多少是否会对内隐学习的调节作用有影响。

首先，五个实验均得出一致的结论，选择注意对内隐学习具有调节作用，内隐学习的发生需要选择注意。但如果选择注意的刺激和忽略的刺激认知维度差异大时，内隐学习的发生不完全依赖选择注意。这和 Conway 和 Christiansen（2006）的研究结果一致，刺激的认知维度会影响内隐学习，当两个序列的认知维度相近时，被试不能习得两个序列的规则。当认知维度差异大时，被试可以同时习得两个序列的规则。

其次，当选择注意一个刺激时，背景数量越多则被试对选择性注意的对象的学习效果越好。但是如果选择注意的刺激多于一个时，背景数量多则不会再促进对选择注意对象的学习效果。这或许可以解释为背景数量对内隐学习的影响只是体现在选择注意一个刺激的情况下，也就是说只有选择注意的对象是唯一时，多个背景相比于少的背景才会促进对选择注意对象的内隐学习，在此，将此种现象称为选择注意的聚焦效应。当选择注意的对象多时，这种效应则减弱或消失。无论背后的原因是什么，本研究的结果表明背景数量对选择注意作用的发挥具有一定的影响。

最后，无论选择注意对象的多少，内隐学习均能发生，且学习效果相当。这表明人类的确具有强大的内隐学习力，也再次验证了内隐学习的心理资源节约性、无意识性、自动概括性等特点（Chen et al., 2016; Romberg & Saffran, 2013）。由此推断，选择注意的数量并不是影响内隐学习的关键因素，选择注意的聚焦范围或许才是关键因素，无论选择注意对象的多少，在选择注意的聚焦范围内就可以发生（Eitam et al., 2013）。行为数据结果发现，当背景信息数量一致，选择注意的刺激越少，内隐学习的效果越好。这表明内隐学习在一定程度上还是耗费认知资源的，学习三个信息流的认知载荷高于学习两个或一个信息流时，被试在执行多任务时对每个任务的资源分配要少于执行相应的双任务或单任务，于是导致多任务的内隐学习成绩略差于双任务或单任务的内隐学习成绩（Musz et al., 2015; 李秀君、石文典 , 2016）。

本研究首次发现被试能够同时习得大于两个的多个信息流的内隐规则，这表明人类具有强大的内隐学习力。有待探讨的问题是，如果刺激在选择注意的聚焦范围内，内隐学习就可以发生，那么，选择注意的数量继续增加，聚焦范围持续扩大，是否会达到一个极限？一旦超过这个极限或超出这个聚焦范围，内隐学习是否就不再发生了？人类内隐学习的极限是多少，有待进一步探讨。

八、结论

选择性注意对内隐学习具有调节作用，内隐学习的发生需要选择性注意。背景数量和选择注意的对象多少对内隐学习有影响。当背景信息数量相同时，选择加工的对象少，内隐学习效果好；选择加工的对象多，内隐学习的效果差。如果选择加工的信息数量相同，则背景信息量大时内隐学习效果好；背景信息量小时，内隐学习效果差。

第九章 总体分析

如果视听是同一加工机制，视觉和听觉同时学习相同的序列规则时，视听内隐学习会彼此增强；如果视觉和听觉同时学习不同的序列规则，视听内隐学习将会彼此消减(刘强 et al., 2010)。研究一、二均发现，无论双通道的内隐规则相同还是不同，双通道的内隐学习与单通道的内隐学习互不影响，即视听内隐学习可以平行且独立地发生。由此推断，人可能存在与感官相联系的多重学习子系统。研究三、四探讨选择性注意在内隐学习的作用，结果发现只有注意的信息被习得，未注意的信息不能被习得，表明选择性注意对内隐学习具有调节作用。此外，选择性注意发挥作用的方式与背景及目标数量有一定关系。

一、多重感官的内隐学习能力

研究一通过行为实验探讨内隐学习的表征机制。结果发现，视听双通道同时呈现的语法规则无论相同还是不同，双通道的内隐学习成绩与单通道的内隐学习成绩均没有显著差异。本研究表明：双通道的内隐学习具有和单通道近乎一样的学习效应，被试能够同时跟踪呈现在视听两个通道且不论规则是否相同的两套序列，表明学习者具有多重感官的内隐学习能力；而多重感官的内隐学习可以同时且独立发生，也许表明多重学习子系统的存在。本研究的结果支持内隐学习的通道特异性特点，挑战了抽象表征的传统理论。

研究二在实验一的基础上，进一步寻找内隐学习表征机制背后的神经生理学证据。研究二第一部分（单通道的内隐学习效应）将行为实验与 ERP 技术相结合，对单通道的视觉和听觉内隐学习进行比较，结果发现单通道的视觉内隐学习好于听觉内隐学习。这不仅为内隐学习的通道特异性理论提供了行为数据的支持，而且提供了更具有说服力的电生理数据的支持。但本研究只能推断出内隐学习具有通道特异性，但不能推断视觉内隐学习和听觉内隐学习是具有同一加工机制还是不同的加工机制，因为被试分别执行了视觉任务和听觉任务。无论视听内隐学习是同一加工机制还是各自具有不同的加工机制，均有可能导致视觉和听觉结果的不同。为了进一步考证内隐学习的加工机制是一个共同性的加工机制还是各自独立彼此平行的加工机制，需要被试同时执行视听两个实验任务。

研究二第二部分（双通道的内隐学习效应）同样将行为实验与ERP技术相结合，通过视觉和听觉同时呈现学习任务的方法，探讨视听加工机制的独立性。结果发现，无论双通道同时学习的是相同语法还是不同语法规则，被试都能同时内隐地习得两个通道语法规则。双通道无论同时学习相同的规则还是不同的规则，和单通道的学习相比，测验正确率、波幅、潜伏期均没有显著差异。表明双通道学习时，视觉和听觉内隐学习彼此互不干扰。因为如果视听是同一加工机制，视觉和听觉同时学习相同的序列规则时，视听会彼此增强学习效果，如果视觉和听觉同时学习不同的序列规则，视听会彼此抢占资源，视听内隐学习将会彼此消减（刘强等，2010）。本研究行为数据和脑电数据互相佐证，即视听内隐学习可以平行且独立地发生。由此推断，人可能存在与感官相联系的多重平行学习子系统（石文典等，2013）。如果人类能够同时习得两个序列规则，那么认知加工过程中又是如何专注到一项任务上？在多重信息同时呈现时选择性注意是如何发挥作用的？

二、选择性注意在内隐学习过程中的作用

研究三探讨了选择性注意在内隐认知加工过程中的重要作用。研究发现，尽管人类能够同时习得两个序列规则，但是前提

条件是序列规则被选择注意，如果不在选择注意的范围内，则不能发生内隐学习。不论选择注意一个序列还是两个序列，只有选择注意的序列能够发生内隐学习，而忽略的序列不能发生内隐学习。有研究表明忽略的刺激是否能够发生内隐学习，在一定程度上依赖于选择注意的刺激的难易。或许正是由于研究三采用了复杂的人工语法学习为任务，使得被试必须要对序列选择注意，才能够习得其复杂规则（Eitam et al., 2013; 李秀君、石文典，2016）。研究三只是在两个任务中要求被试选择注意或忽略刺激。而事实上，我们的生活环境并不局限于二选一或二选二这种简单的知觉环境。复杂环境往往是更多的信息同时存在，并且这种多重信息的存在能被我们感知到。选择性注意在多刺激背景下如何调节内隐学习呢?

研究四探讨多刺激背景下选择性注意对内隐学习的影响。结果发现，选择性注意对内隐学习具有调节作用，内隐学习的发生需要选择性注意。这与研究三的发现一致。研究四发现，当选择注意一个刺激时，背景数量越多则被试对选择性注意的对象的学习效果越好。但是如果选择注意的刺激多于一个时，背景数量多则不会再促进对选择注意对象的学习效果。这或许可以解释为背景数量对内隐学习的影响只是体现在选择注意一个刺激的情况下，也就是说只有选择注意的对象是唯一时，多个背景相比于少的背景才会促进对选择注意对象的内隐学习，在此，将此种现象称为选择注意的聚焦效应。当选择注意的对象多时，这种效应则减弱或消失。无论背后的原因是什么，研究四的结果表明背景数量对选择性注意作用的发挥具有一定的影响。最后，无论选择注意对象的多少，内隐学习均能发生，且学习效果相当。这表明人类的确具有强大的内隐学习力，也再次验证了内隐学习的心理资源节约性、无意识性、自动概括性等特点（Chen et al., 2016; Romberg & Saffran, 2013）。由此推断，选择注意的数量并不是影响内隐学习的关键因素，选择注意的聚焦范围或许才是关键因素，无论选择注意对象的多少，在选择注意的聚焦范围内就可以发生（Eitam et al., 2013）。描述统计结果发现，当背景信息数量一致，选择注意的刺激越少，内隐学习的效果越好。这表明内隐学习在一定程度上还是耗费认知资源的，学习三个信息流的认知载荷高于学习两个或一个信息流时，被试在执行多任务时对每个任务的资源分配要少于执行相应的双任务或单任务，于是导致多任务的内隐学习成绩略差于双任务或单任务的内隐学习成绩（Musz et al., 2015; 李秀君、石文典 , 2016）。

第十章

总　结

四个研究的主要结论如下：（1）多重感官的内隐学习可以同时且独立发生，学习者具有多重感官的内隐学习能力，表明多重学习子系统的存在，支持了内隐学习具体表征的观点。（2）内隐学习的发生需要选择性注意。只有选择注意的信息能够被习得，而未选择的信息不能被习得。此外，背景信息数量和选择加工的对象数量对内隐学习有调节作用。当背景信息数量相同时，选择加工的对象少，内隐学习效果好；选择加工的对象多，内隐学习的效果差。如果选择加工的信息数量相同，则背景信息量大时，内隐学习效果好；背景信息量小时，内隐学习效果差。

一、创新

一是新角度的切入。四个研究在以往研究的基础上，采用人工语法学习任务，从新的研究角度探讨了内隐学习的表征机制，不仅对单通道的视觉和听觉内隐学习进行比较，而且对单、双通道的内隐学习进行了比较。

二是新方法的采用。以往对这些问题的探讨大多是采用行为实验，研究结果具有很强的推论性，本研究将行为实验和生理实验相结合，结论更具有说服力。研究首次采用双耳分听技术呈现双人工语法研究内隐学习特点，首次采用 ERP 探讨双通道内隐学习的神经表征。

三是新问题的探讨。研究不仅首次考察了选择性注意对听觉内隐学习的影响，而且首次探讨多个刺激背景下的选择性注意对内隐学习的影响。

四是新结论的获得。研究发现人类具有强大的内隐学习，可以同时习得大于两个的序列规则。背景信息数量和选择注意对象数量对内隐学习具有调节作用。当背景信息数量相同时，选择加工的对象少，内隐学习效果好；选择加工的对象多，内隐学习的效果差。如果选择加工的信息数量相同，则背景信息量大时内隐学习效果好；背景信息量小时，内隐学习效果差。

二、展望

但一些研究认为，内隐学习具有领域的共同性，共同性作为学习者的一种能力可以用以发现新的信息结构，而这些新的信息结构又影响着学习者进一步的信息获取（Thiessen et al., 2013）。内隐学习存在一个适用于所有内隐学习的共同机制，其证据就是内隐学习可以跨通道跨任务地发生（Kirkham et al., 2002）。虽然更多的研究认为内隐学习不存在这样的共同机制，而是具有领域或通道的特异性。例如，听觉适于时间加工，视觉适于空间加工，研究者以此为证据认为内隐学习存在多重内隐学习机制（Conway & Christiansen, 2009）。研究一和研究二也支持：内隐学习具有对刺激类型和输入通道的特异性。但这一推论的局限性在于，一个通道似乎也该有多重加工机制，比如视觉空间加工机制、视觉时间加工机制，因为在同一通道输入不同的刺激类型，内隐学习存在差异（Endress, 2010; Thiessen, 2010）。还有研究者认为，内隐学习具有领域共同性，同时不排除具有多个特异性的子系统（Mitchel & Weiss, 2010）。到底哪个观点能够更为彻底地解释内隐学习机制，则需要进一步的研究。此外，内隐学习在哪些方面具有共同性也需要进一步的探讨。例如，Turk-Browne 和 Scholl（2009）对视觉内隐学习的研究表明，内隐学习的表征具有迁移效应，未来的研究应进一步扩展实验刺激的领域，采用其他任务和刺激类型以考察内隐学习的共同性。

尽管已有文献在揭示内隐学习的共同性和特异性方面有很大进展，但能够容纳和解释各种内隐学习的综合模型未见文献报道过。未来的研究应继续沿着这一方向努力，发展出一个能够容纳各种内隐学习的综合模型，该模型不仅包括诸如概率关系、人工语法等学习类型，而且可以追踪这些内隐学习的发展性变化。要实现这样的目标，就必须采用内隐学习的纵向研究和跨任务的被试内比较。

尽管以往研究表明人类具有强大的内隐学习力，但是到底有多强大，未见有研究探讨。本研究发现被试能够同时习得大于两个序列的内隐规则，这表明人类具有非凡的内隐学习力。但据此提出的问题是，如果刺激在选择注意的聚焦范围内，内隐学习就可以发生，那么，选择注意的对象数量持续增加，内隐学习还会持续地发生吗？也就是说，如果聚焦范围持续扩大，是否会达到一个极限？一旦超过这个极限或超出这个聚焦范围，内隐学习是否就不再能够发生了？人类内隐学习的极限是多少？这些问题有待进一步探讨。本研究发现忽略的颜色序列也发生了内隐学习，选择性注意对内隐学习的调节作用是否受到刺激认知维度等其他因素的影响，也有待进一步探讨。当探讨多刺激背景对内隐学习的影响时，怎样实现多个刺激的等价知觉特征，有待进一步探讨。

参考文献

[1] Abla, D., Katahira, K.& Okanoya, K. (2008). On-line assessment of statistical learning by event-related potentials. Journal of Cognitive Neuroscience, 20 (6), 952–964.

[2] Altmann, G. T. (2002). Statistical learning in infants. Proceedings of the National Academy of Sciences, 99 (24), 15250–15251.

[3] Altmann, G. T. M., Dienes, Z.& Goode, A. (1995). Modality independence of implicitly learned grammatical knowledge. Journal of Experimental Psychology: Learning, Memory, and Cognition, 21, 899–912.

[4] Altmann, Gerry TM. (2017). Abstraction and generalization in statistical learning: implications for the relationship between semantic types and episodic tokens. Phil. Trans. R. Soc. B, 372 (1711), 20160060.

[5] Aslin, R. N. (2017). Statistical learning: a powerful mechanism that operates by mere exposure. Wiley Interdisciplinary Reviews: Cognitive Science, 8 (1–2).

[6] Aslin, R. N & Newport, E. L. (2009). What statistical learning can and can't tell us about language acquisition. In J. Colombo, P. McCardle & L. Freund (Eds.), Infant pathways to language:

Methods, models, and research disorders (pp. 15–29). New York, NY: Erlbaum.

[7] Attaheri, A., Kikuchi, Y., Milne, A. E., Wilson, B., Alter, K.& Petkov, C. I. (2015). EEG potentials associated with artificial grammar learning in the primate brain. Brain and language, 148, 74–80.

[8] Aslin, R. N., Saffran, J. R.& Newport, E. L. (1998). Computation of conditional probability statistics by 8–month–old infants. Psychological Science, 9 (4), 321–324.

[9] Bahlmann, J., Gunter, T. C.& Friederici, A. D. (2006). Hierarchical and linear sequence processing: An electrophysiological exploration of two different grammar types. Journal of Cognitive Neuroscience, 18 (11), 1829–1842.

[10] Baker, C. I., Olson, C. R.& Behrmann, M. (2004). Role of attention and perceptual grouping in visual statistical learning. Psychological Science, 15 (7), 460–466.

[11] Barrett, H. C.& Kurzban, R. (2006). Modularity in cognition: framing the debate. Psychological Review, 113 (3), 628–647.

[12] Batterink, L. J.& Paller, K. A. (2017). Online neural monitoring of statistical learning. Cortex, 90, 31–45. doi:10.1016/j.cortex.2017.02.004.

[13] Batterink, L. J., Paller, K. A.& Reber, P. J. (2019). Understanding the neural bases of implicit and statistical learning. Topics in

Cognitive Science, 11 (3), 482–503.

[14] Barsalou, L. W., Simmons, W. K., Barbey, A. K.& Wilson, C. D. (2003). Grounding conceptual knowledge in modality–specific systems. Trends in Cognitive Sciences, 7, 84–91. Barr, M. (2007). The proactive brain: using analogies and associations to generate predictions. Trends in Cognitive Sciences, 11 (7), 280–289.

[15] Berry, D.& Dienes, Z. (1993). Towards a characterization of implicit learning. In Dianne C. Berry & Zoltán Dienes (eds.), Implicit Learning: Theoretical and Empirical Issues. Lawerence Erlbaum., 1–18.

[16] Berry, D. C.& Broadbent, D. E. (1984). On the relationship between task performance and associated verbalizable knowledge. The Quarterly Journal of Experimental Psychology, 36 (2), 209–231.

[17] Bertels, J., Destrebecqz, A.& Franco, A. (2015). Interacting effects of instructions and presentation rate on visual statistical learning. Frontiers in Psychology, 6.

[18] Bertels, J., Franco, A.& Destrebecqz, A. (2012). How implicit is visual statistical learning? Journal of Experimental Psychology: Learning, Memory, and Cognition, 38 (5), 1425–1431.

[19] Broadbent, D. E. (1977). Levels, hierarchies, and the locus of control. The Quarterly Journal of Experimental Psychology, 29

(2), 181–201.

[20] Bulf, H., Johnson, S. P.& Valenza, E. (2011). Visual statistical learning in the newborn infant. Cognition, 121 (1), 127–132.

[21] Chang, G. Y.& Knowlton, B. J. (2004). Visual feature learning in artificial grammar classification. Journal of Experimental Psychology: Learning, Memory, and Cognition, 30 (3), 714.

[22] Chen, C. h., Gershkoff - Stowe, L., Wu, C. Y., Cheung, H.& Yu, C. (2016). Tracking multiple statistics: Simultaneous learning of object names and categories in English and Mandarin speakers. Cognitive Science.

[23] Cho, P. W., Szkudlarek, E.& Tabor, W. (2016). Discovery of a Recursive Principle: An Artificial Grammar Investigation of Human Learning of a Counting Recursion Language. Frontiers in Psychology, 7.

[24] Christiansen, M. H.& Chater, N. (2008). Language as shaped by the brain. Behavioral and Brain Sciences, 31 (05), 489–509.

[25] Christiansen, M. H., Conway, C. M.& Onnis, L. (2012). Similar neural correlates for language and sequential learning: evidence from event–related brain potentials. Language and Cognitive Processes, 27 (2), 231–256.

[26] Christiansen, M.H., Kelly, L., Shillcock, R. C.& Greenfield, K. (2010). Impaired artificial grammar learning in agrammatism. Cognition, 116 (3), 382–393.

[27] Cleeremans, A.& Jiménez, L. (1998). Implicit sequence learning: The truth is in the details. Handbook of implicit learning, 323–364.

[28] Cleeremans, A.& Jiménez, L. (2002). CHAPTER ONE Implicit learning and consciousness: A graded, dynamic perspective. In R. M. French & A. Cleeremans (Eds.), Implicit learning and consciousness: An empirical, philosophical and computational consensus in the making (pp. 1–45). United Kingdom: Psychology Press.

[29] Cleeremans, A.& McClelland, J. L. (1991). Learning the structure of event sequences. Journal of Experimental Psychology: General, 120 (3), 235–253.

[30] Conway, C. M., Bauernschmidt, A., Huang, S. S.& Pisoni, D. B. (2010). Implicit statistical learning in language processing: Word predictability is the key. Cognition, 114 (3), 356–371.

[31] Conway, C. M.& Christiansen, M. H. (2001). Sequential learning in non–human primates. Trends in Cognitive Sciences, 5 (12), 539–546.

[32] Conway, C. M.& Christiansen, M. H. (2005). Modality-constrained statistical learning of tactile, visual, and auditory sequences. Journal of Experimental Psychology: Learning, Memory, and Cognition, 31 (1), 24–39.

[33] Conway, C. M.& Christiansen, M. H. (2006). Statistical

learning within and between modalities pitting abstract against stimulus–specific representations. Psychological Science, 17 (10), 905–912.

[34] Conway, C. M.& Christiansen, M. H. (2009). Seeing and hearing in space and time: Effects of modality and presentation rate on implicit statistical learning. European Journal of Cognitive Psychology, 21 (4), 561–580.

[35] Conway, C. M., Karpicke, J.& Pisoni, D. B. (2007). Contribution of implicit sequence learning to spoken language processing: Some preliminary findings with hearing adults. Journal of Deaf Studies and Deaf Education, 12 (3), 317–334.

[36] Conway, C. M.& Pisoni, D. B. (2008). Neurocognitive basis of implicit learning of sequential structure and its relation to language processing. Annals of the New York Academy of Sciences, 1145 (1), 113–131.

[37] Conway, C. M., Pisoni, D. B., Anaya, E. M., Karpicke, J.& Henning, S. C. (2011). Implicit sequence learning in deaf children with cochlear implants. Developmental Science, 14 (1), 69–82.

[38] Coulson, S., King, J. W.& Kutas, M. (1998). Expect the unexpected: Event–related brain response to morphosyntactic violations. Language and Cognitive Processes, 13 (1), 21–58.

[39] Coulson, S.& Kutas, M. (2001). Getting it: human

event-related brain response to jokes in good and poor comprehenders. Neuroscience Letters, 316 (2), 71-74.

[40] Coulson, S.& Lovett, C. (2004). Handedness, hemispheric asymmetries, and joke comprehension. Cognitive Brain Research, 19 (3), 275-288.

[41] Covington, N. V., Brown-Schmidt, S.& Duff, M. C. (2018). The necessity of the hippocampus for statistical learning. Journal of Cognitive Neuroscience, 30, 680-697.

[42] Creel, S. C., Newport, E. L.& Aslin, R. N. (2004). Distant melodies: statistical learning of nonadjacent dependencies in tone sequences. Journal of Experimental Psychology: Learning, Memory, and Cognition, 30 (5), 1119-1130.

[43] Cunillera, T., Toro, J. M., Sebastián-Gallés, N.& Rodríguez-Fornells, A. (2006). The effects of stress and statistical cues on continuous speech segmentation: An event-related brain potential study. Brain Research, 1123 (1), 168-178.

[44] Daltrozzo, J.& Conway, C. M. (2014). Neurocognitive mechanisms of statistical-sequential learning: what do event-related potentials tell us? Frontiers in Human Neuroscience, 8, 437.

[45] Daltrozzo, J., Emerson, S. N., Deocampo, J., Singh, S., Freggens, M., Branum-Martin, L.& Conway, C. M. (2017).

Visual statistical learning is related to natural language ability in adults: An ERP study. Brain and language, 166, 40–51.

[46] Dienes, Zoltan, Broadbent, Donald& Berry, Dianne C. (1991). Implicit and explicit knowledge bases in artificial grammar learning. Journal of Experimental Psychology: Learning, Memory, and Cognition, 17 (5), 875–887.

[47] Dijkgraaf, A., HARTSUIKER, R. J.& Duyck, W. (2016). Predicting upcoming information in native–language and non-native-language auditory word recognition. Bilingualism: Language and Cognition, 1–14.

[48] Dulany, D. E., Carlson, R. A.& Dewey, G. I. (1984). A case of syntactical learning and judgment: How conscious and how abstract. Journal of Experimental Psychology: General, 113 (4), 541–555.

[49] Eitam, B., Glicksohn, A., Shoval, R., Cohen, A., Schul, Y.& Hassin, R. R. (2013). Relevance-based selectivity: the case of implicit learning. Journal of Experimental Psychology: Human Perception and Performance, 39 (6), 1508–1515.

[50] Eitam, B., Schul, Y.& Hassin, R. R. (2009). Goal relevance and artificial grammar learning. The Quarterly Journal of Experimental Psychology, 62 (2), 228–238.

[51] Emberson, L. L., Conway, C. M.& Christiansen, M. H. (2011). Timing is everything: Changes in presentation rate have

opposite effects on auditory and visual implicit statistical learning. The Quarterly Journal of Experimental Psychology, 64 (5), 1021–1040.

[52] Endress, A. D. (2010). Learning melodies from non–adjacent tones. Acta Psychologica, 135 (2), 182–190.

[53] Erickson, L., Kaschak, M., Thiessen, E.& Berry, C. (2016). Individual differences in statistical learning: Conceptual and measurement issues. Collabra: Psychology, 2 (1).

[54] Erickson, L. C.& Thiessen, E. D. (2015). Statistical learning of language: theory, validity, and predictions of a statistical learning account of language acquisition. Developmental Review, 37, 66–108.

[55] Estes, K. G., Evans, J. L., Alibali, M. W.& Saffran, J. R. (2007). Can infants map meaning to newly segmented words? Statistical segmentation and word learning. Psychological Science, 18 (3), 254–260.

[56] Evans, J. S. B.& Stanovich, K. E. (2013). Dual–process theories of higher cognition: Advancing the debate. Perspectives on Psychological Science, 8 (3), 223–241.

[57] Ferdinand, N. K., Mecklinger, A.& Kray, J. (2008). Error and deviance processing in implicit and explicit sequence learning. Journal of Cognitive Neuroscience, 20 (4), 629–642.

[58] Ferguson, M. J.& Bargh, J. A. (2004). How social perception

can automatically influence behavior. Trends in Cognitive Sciences, 8 (1), 33–39.

[59] Fiser, J.& Aslin, R. N. (2001). Unsupervised statistical learning of higher–order spatial structures from visual scenes. Psychological Science, 12 (6), 499–504.

[60] Fiser, J.& Aslin, R. N. (2002). Statistical learning of higher order temporal structure from visual shape–sequences. Journal of Experimental Psychology: Learning, Memory, and Cognition, 28, 458–467.

[61] Fiser, J., Scholl, B. J.& Aslin, R. N. (2007). Perceived object trajectories during occlusion constrain visual statistical learning. Psychonomic Bulletin & Review, 14 (1), 173–178.

[62] Fitzgerald, K.& Todd, J. (2018). Hierarchical timescales of statistical learning revealed by mismatch negativity to auditory pattern deviations. Neuropsychologia.

[63] Foerde, K., Knowlton, B.& Poldrack, R. A. (2006). Modulation of competing memory systems by distraction. Proceedings of the National Academy of Sciences of the United States of America, 103 (31), 11778–11783.

[64] Forkstam, C., Hagoort, P., Fernández, G., Ingvar, M.& Petersson, K. M. (2006). Neural correlates of artificial syntactic structure classification. NeuroImage, 32 (2), 956–967.

[65] Frensch, P. A. (1998). One concept, multiple meanings: On

how to define the concept of implicit learning. M.a.stadler & P.a.frensch Handbook of.

[66] Friederici, A. D. (1995). The time course of syntactic activation during language processing: A model based on neuropsychological and neurophysiological data. Brain and language, 50 (3), 259–281.

[67] Friederici, A. D., Steinhauer, K.& Pfeifer, E. (2002). Brain signatures of artificial language processing: Evidence challenging the critical period hypothesis. Proceedings of the National Academy of Sciences, 99 (1), 529–534.

[68] Frost, R., Armstrong, B. C., Siegelman, N.& Christiansen, M. H. (2015). Domain generality versus modality specificity: The paradox of statistical learning. Trends in Cognitive Sciences, 19 (3), 117–125.

[69] Frost, R., Siegelman, N., Narkiss, A.& Afek, L. (2013). What predicts successful literacy acquisition in a second language? Psychological Science, 24 (7), 1243–1252.

[70] Gómez, R. L.& Gerken, L. (2000). Infant artificial language learning and language acquisition. Trends in Cognitive Sciences, 4 (5), 178–186.

[71] Gebauer, G. F.& Mackintosh, N. J. (2007). Psychometric intelligence dissociates implicit and explicit learning. Journal of Experimental Psychology: Learning, Memory, and Cognition,

33 (1), 34–54.

[72] Gebhart, A. L., Aslin, R. N.& Newport, E. L. (2009). Changing structures in midstream: Learning along the statistical garden path. Cognitive Science, 33 (6), 1087–1116.

[73] Gomez, Rebecca L & Schvaneveldt, Roger W. (1994). What is learned from artificial grammars? Transfer tests of simple association. Journal of Experimental Psychology: Learning, Memory, and Cognition, 20 (2), 396–410.

[74] Gomez, R. L., Gerken, L.& Schvaneveldt, R. W. (2000). The basis of transfer in artificial grammar learning. Memory & Cognition, 28 (2), 253–263.

[75] Goujon, A., Didierjean, A.& Thorpe, S. (2015). Investigating implicit statistical learning mechanisms through contextual cueing. Trends in Cognitive Sciences, 19 (9), 524–533.

[76] Gouvea, A. C., Phillips, C., Kazanina, N.& Poeppel, D. (2010). The linguistic processes underlying the P600. Language and Cognitive Processes, 25 (2), 149–188.

[77] Gunter, T. C., Friederici, A. D.& Schriefers, H. (2000). Syntactic gender and semantic expectancy: ERPs reveal early autonomy and late interaction. Journal of Cognitive Neuroscience, 12 (4), 556–568.

[78] Guo, X., Jiang, S., Wang, H., Zhu, L., Tang, J., Dienes, Z.& Yang, Z. (2013). Unconsciously learning task–irrelevant

perceptual sequences. Consciousness and Cognition, 22 (1), 203–211.

[79] Hagoort, P., Wassenaar, M.& Brown, C. M. (2003). Syntax-related ERP-effects in Dutch. Cognitive Brain Research, 16 (1), 38–50.

[80] Hahne, A.& Friederici, A. D. (1999). Electrophysiological evidence for two steps in syntactic analysis: Early automatic and late controlled processes. Journal of Cognitive Neuroscience, 11 (2), 194–205.

[81] Haider, H., Eberhardt, K., Kunde, A.& Rose, M. (2013). Implicit visual learning and the expression of learning. Consciousness and Cognition, 22 (1), 82–98.

[82] Handel, S., Weaver, M. S.& Lawson, G. (1983). Effect of rhythmic grouping on stream segregation. Journal of Experimental Psychology: Human Perception and Performance, 9 (4), 637–651.

[83] Hauser, M., Weiss, D.& Marcus, G. (2002). RETRACTED: Rule learning by cotton–top tamarins. Cognition, 86 (1), B15–B22.

[84] Hauser, M. D., Newport, E. L.& Aslin, R. N. (2001). Segmentation of the speech stream in a non-human primate: statistical learning in cotton-top tamarins. Cognition, 78 (3), B53–B64.

[85] Hayes, J. R.& Clark, H. H. (1970). Experiments in the

segmentation of an artificial speech analog. Cognition and the development of language, 221–234.

[86] Hayes, N. A.& Broadbent, D. E. (1988). Two modes of learning for interactive tasks. Cognition, 28 (3), 249–276.

[87] Hertrich, I., Dietrich, S.& Ackermann, H. (2013). How can audiovisual pathways enhance the temporal resolution of time–compressed speech in blind subjects? Frontiers in Psychology, 4, 530.

[88] Hertrich, I., Mathiak, K., Lutzenberger, W.& Ackermann, H. (2009). Time course of early audiovisual interactions during speech and nonspeech central auditory processing: a magnetoencephalography study. Journal of Cognitive Neuroscience, 21 (2), 259–274.

[89] Hoen, M.& Dominey, P. F. (2000). ERP analysis of cognitive sequencing: a left anterior negativity related to structural transformation processing. NeuroReport, 11 (14), 3187–3191.

[90] Huang, H.-X., Zhang, J.-X., Liu, D.-Z., Li, Y.-L.& Wang, P. (2014). Implicit sequence learning of background and goal information under double dimensions. Procedia-Social and Behavioral Sciences, 116, 2989–2993.

[91] Inbal, A. (2019). Statistical Learning, Implicit Learning, and First Language Acquisition: A Critical Evaluation of Two Developmental Predictions. Topics in Cognitive Science, 11 (3),

504–519.

[92] Jamieson, R. K., Nevzorova, U., Lee, G.& Mewhort, D. (2016). Information theory and artificial grammar learning: inferring grammaticality from redundancy. Psychological Research, 80 (2), 195–211.

[93] Janacsek, K., Fiser, J.& Nemeth, D. (2012). The best time to acquire new skills: age - related differences in implicit sequence learning across the human lifespan. Developmental Science, 15 (4), 496–505.

[94] Jeon, H.–A. (2014). Hierarchical processing in the prefrontal cortex in a variety of cognitive domains. Frontiers in Systems neuroscience, 8.

[95] Jiang, Y.& Chun, M. M. (2001). Selective attention modulates implicit learning. The Quarterly Journal of Experimental Psychology: Section A, 54 (4), 1105–1124.

[96] Jiang, Y.& Leung, A. W. (2005). Implicit learning of ignored visual context. Psychonomic Bulletin & Review, 12 (1), 100–106.

[97] Jiménez, L.& Vázquez, G. A. (2011). Implicit sequence learning and contextual cueing do not compete for central cognitive resources. Journal of Experimental Psychology: Human Perception and Performance, 37 (1), 222–235.

[98] Johansson, T. (2009). Strengthening the case for stimulus

specificity in artificial grammar learning. no evidence for abstract representations with extended exposure. Experimentelle Psychologie, 56 (3), 188–197.

[99] Johnson, E. K.& Tyler, M. D. (2010). Testing the limits of statistical learning for word segmentation. Developmental Science, 13 (2), 339–345.

[100] Johnston, W. A.& Heinz, S. P. (1978). Flexibility and capacity demands of attention. Journal of Experimental Psychology: General, 107 (4), 420–435.

[101] Johnstone, T.& Shanks, D. R. (1999). Two mechanisms in implicit artificial grammar learning? Comment on Meulemans and Van der Linden (1997). Journal of Experimental Psychology Learning, Memory, and Cognition, 25 (2), 524-531.

[102] Jost, E., Conway, C., Purdy, J.& Hendricks, M. (2011). Neurophysiological Correlates of Visual Statistical Learning in Adults and Children. Paper presented at the CogSci.

[103] Kürten, J., De Vries, M. H., Kowal, K., Zwitserlood, P.& Flöel, A. (2012). Age affects chunk–based, but not rule–based learning in artificial grammar acquisition. Neurobiology of Aging, 33 (7), 1311–1317.

[104] Kaan, E., Harris, A., Gibson, E.& Holcomb, P. (2000). The P600 as an index of syntactic integration difficulty. Language

and Cognitive Processes, 15 (2), 159–201.

[105] Kahneman, D. (1973). Attention and effort: Citeseer.

[106] Kamide, Y. (2008). Anticipatory processes in sentence processing. Language and Linguistics Compass, 2 (4), 647–670.

[107] Karmiloff–Smith, A. (1991). Beyond modularity: Innate constraints and developmental change. The epigenesis of mind: Essays on biology and cognition, 171–197.

[108] Kepinska, O., de Rover, M., Caspers, J.& Schiller, N. O. (2016). Whole–brain functional connectivity during acquisition of novel grammar: Distinct functional networks depend on language learning abilities. Behavioural Brain Research.

[109] Kersten, A. W.& Earles, J. L. (2001). Less really is more for adults learning a miniature artificial language. Journal of Memory and Language, 44 (2), 250–273.

[110] Kirkham, N. Z., Slemmer, J. A.& Johnson, S. P. (2002). Visual statistical learning in infancy: Evidence for a domain general learning mechanism. Cognition, 83 (2), B35–B42.

[111] Klinger, L. G.& Dawson, G. (2001). Prototype formation in autism. Development and Psychopathology, 13 (01), 111–124.

[112] Klinger, L. G., Klinger, M. R.& Pohlig, R. L. (2007). Implicit learning impairments in autism spectrum disorders. New developments in autism: The future is today, 76–103.

[113] Knowlton, B. J.& Squire, L. R. (1994). The information acquired during artificial grammar learning. Journal of Experimental Psychology: Learning, Memory, and Cognition, 20 (1), 79–91.

[114] Koelsch, S., Busch, T., Jentschke, S.& Rohrmeier, M. (2016). Under the hood of statistical learning: A statistical MMN reflects the magnitude of transitional probabilities in auditory sequences. Scientific Reports, 6 (1), 19741.

[115] Koshino, H.& Olid, P. (2015). Interactions Between Modality of Working Memory Load and Perceptual Load in Distractor Processing. The Journal of General Psychology, 142 (3), 135–149.

[116] Krogh, L., Vlach, H. A.& Johnson, S. P. (2012). Statistical learning across development: Flexible yet constrained. Frontiers in Psychology, 3, 1–11. Kubovy, M., Holcombe, A. O.& Wagemans, J. (1998). On the lawfulness of grouping by proximity. Cognitive Psychology, 35 (1), 71–98.

[117] Kuperberg, G. R.& Jaeger, T. F. (2016). What do we mean by prediction in language comprehension? Language, Cognition and Neuroscience, 31 (1), 32–59.

[118] Kushner, M., Cleeremans, A.& Reber, A. (1991). Implicit detection of event interdependencies and a PDP model of the process. Paper presented at the Proceedings of the thirteenth

annual meeting of the cognitive science society. Erlbaum. [CAS].

[119] Kutas, M.& Hillyard, S. A. (1980). Event-related brain potentials to semantically inappropriate and surprisingly large words. Biological Psychology, 11 (2), 99–116.

[120] Lau, E., Stroud, C., Plesch, S.& Phillips, C. (2006). The role of structural prediction in rapid syntactic analysis. Brain and Language, 98 (1), 74–88.

[121] Lavie, N. (2005). Distracted and confused?: Selective attention under load. Trends in Cognitive Sciences, 9 (2), 75–82.

[122] Lee, J. C. (2016). The role of instructions and intention in learning (Doctoral dissertation).

[123] Lewicki, P., Czyzewska, M.& Hill, T. (2014). Cognitive Mechanisms for Acquiring"Experience": The Dissociation Between. Scientific Approaches to Consciousness, 161.

[124] Lewicki, P., Hill, T.& Bizot, E. (1988). Acquisition of procedural knowledge about a pattern of stimuli that cannot be articulated. Cognitive Psychology, 20 (1), 24–37.

[125] Lieberman, M. D., Chang, G. Y., Chiao, J., Bookheimer, S. Y.& Knowlton, B. J. (2004). An event-related fMRI study of artificial grammar learning in a balanced chunk strength design. Journal of Cognitive Neuroscience, 16 (3), 427–438.

[126] Ling, X., Guo, X., Zheng, L., Li, L., Chen, M., Wang, Q., .

Dienes, Z. (2015). The neural basis of implicit learning of task–irrelevant Chinese tonal sequence. Experimental Brain Research, 233 (4), 1125–1136.

[127] Lotz, A.& Kinder, A. (2006). Classification and recognition in artificial grammar learning: Analysis of receiver operating characteristics. The Quarterly Journal of Experimental Psychology, 59 (4), 667–682.

[128] Maess, B., Mamashli, F., Obleser, J., Helle, L.& Friederici, A. D. (2016). Prediction signatures in the brain: Semantic pre–activation during language comprehension. Frontiers in Human Neuroscience, 10.

[129] Marcus& G., F. (1999). Rule learning in seven–month–old infants. Science, 283 (5398), 77–80.

[130] Mates, J., Müller, U., Radil, T.& Pöppel, E. (1994). Temporal integration in sensorimotor synchronization. Journal of Cognitive Neuroscience, 6 (4), 332–340.

[131] Mathews, R. C., Buss, R. R., Stanley, W. B., Blanchard–Fields, F., Cho, J. R.& Druhan, B. (1989). Role of implicit and explicit processes in learning from examples: A synergistic effect. Journal of Experimental Psychology: Learning, Memory, and Cognition, 15 (6), 1083–1100.

[132] Maybery, M., Taylor, M.& O'Brien–Malone, A. (1995). Implicit learning: Sensitive to age but not IQ. Australian

Journal of Psychology, 47 (1), 8–17.

[133] Mayr, U. (1996). Spatial attention and implicit sequence learning: evidence for independent learning of spatial and nonspatial sequences. Journal of Experimental Psychology: Learning, Memory, and Cognition, 22 (2), 350–364.

[134] Mehravari, A. S., Tanner, D., Wampler, E. K., Valentine, G. D.& Osterhout, L. (2015). Effects of grammaticality and morphological complexity on the P600 event–related potential component. PloS One, 10 (10), e0140850.

[135] Misyak, J. B.& Christiansen, M. H. (2012). Statistical learning and language: An individual differences study. Language Learning, 62 (1), 302–331.

[136] Misyak, J. B., Christiansen, M. H.& Bruce Tomblin, J. (2010). Sequential expectations: The role of prediction - based learning in language. Topics in Cognitive Science, 2 (1), 138–153.

[137] Mitchel, A. D., Christiansen, M. H.& Weiss, D. J. (2014). Multimodal integration in statistical learning: evidence from the McGurk illusion. Frontiers in Psychology, 5, 407.

[138] Mitchel, A. D.& Weiss, D. J. (2010). What's in a face? Visual contributions to speech segmentation. Language and Cognitive Processes, 25 (4), 456–482.

[139] Miyawaki, K., Sato, A., Yasuda, A., Kumano, H.& Kuboki, T.

(2005). Explicit knowledge and intention to learn in sequence learning: an event–related potential study. NeuroReport, 16 (7), 705–708.

[140] Mueller, J. L., Bahlmann, J.& Friederici, A. D. (2008). The role of pause cues in language learning: The emergence of event–related potentials related to sequence processing. Journal of Cognitive Neuroscience, 20 (5), 892–905.

[141] Musz, E., Weber, M. J.& Thompson–Schill, S. L. (2015). Visual statistical learning is not reliably modulated by selective attention to isolated events. Attention, Perception& Psychophysics, 77 (1), 78–96.

[142] Newport, Elissa L& Aslin, Richard N. (2004). Learning at a distance I. Statistical learning of non–adjacent dependencies. Cognitive Psychology, 48 (2), 127–162.

[143] Newport, E.L., Hauser, M.D., Spaepen, G.& Aslin, R.N. (2004). Learning at a distance II: Statistical learning of non–adjacent dependencies in a non–human primate. Cognitive Psychology, 49, 85–117

[144] Nissen, M. J.& Bullemer, P. (1987). Attentional requirements of learning: Evidence from performance measures. Cognitive Psychology, 19 (1), 1–32.

[145] Niv, Y.& Schoenbaum, G. (2008). Dialogues on prediction errors. Trends in Cognitive Sciences, 12 (7), 265–272.

[146] Norman, G. (2010). Likert scales, levels of measurement and the“laws” of statistics. Advances in Health Sciences Education, 15 (5), 625–632.

[147] Olson, I. R.& Chun, M. M. (2002). Perceptual constraints on implicit learning of spatial context. Visual Cognition, 9 (3), 273–302.

[148] Onnis, L., Farmer, T. A., Baroni, M., Christiansen, M. H.& Spivey, M. (2008). Generalizable distributional regularities aid fluent language processing: The case of semantic valence tendencies. Italian Journal of Linguistics, 20, 125–152.

[149] Osterhout, L., Holcomb, P. J.& Swinney, D. A. (1994). Brain potentials elicited by garden–path sentences: evidence of the application of verb information during parsing. Journal of Experimental Psychology: Learning, Memory, and Cognition, 20 (4), 786–803.

[150] Pacton, S.& Perruchet, P. (2008). An attention–based associative account of adjacent and nonadjacent dependency learning. Journal of Experimental Psychology: Learning, Memory, and Cognition, 34 (1), 80–96.

[151] Palmer, S.& Rock, I. (1994). Rethinking perceptual organization: The role of uniform connectedness. Psychonomic Bulletin & Review, 1 (1), 29–55.

[152] Pelucchi, B., Hay, J. F.& Saffran, J. R. (2009). Statistical

Learning in a Natural Language by 8 - month - old Infants. Child Development, 80 (3), 674–685.

[153] Peña, M., Bonatti, L. L., Nespor, M.& Mehler, J. (2002). Signal–driven computations in speech processing. Science, 298, 604–607.

[154] Perkovic, Sonja, Orquin, Jacob& Lund. (2018). Implicit Statistical Learning in Real–World Environments Leads to Ecologically Rational Decision Making. Psychological Science: A Journal of the American Psychological Society, 29 (1), 34–44.

[155] Perruchet, P.& Pacteau, C. (1990). Synthetic grammar learning: Implicit rule abstraction or explicit fragmentary knowledge? Journal of Experimental Psychology: General, 119 (3), 264–275.

[156] Perruchet, P.& Pacton, S. (2006). Implicit learning and statistical learning: One phenomenon, two approaches. Trends in Cognitive Sciences, 10 (5), 233–238.

[157] Perruchet, P., Vinter, A.& Gallego, J. (1997). Implicit learning shapes new conscious percepts and representations. Psychonomic Bulletin & Review, 4 (1), 43–48.

[158] Petersson, K. M., Folia, V.& Hagoort, P. (2012). What artificial grammar learning reveals about the neurobiology of syntax. Brain & Language, 120, 83–95.

[159] Pothos, E. M., Chater, N.& Ziori, E. (2006). Does stimulus appearance affect learning? The American Journal of Psychology, 119, 277–301.Poldrack, R. A., Prabhakaran, V., Seger, C. A.& Gabrieli, J. D. (1999). Striatal activation during acquisition of a cognitive skill. Neuropsychology, 13, 564–574.

[160] Poznanski, Y.& Tzelgov, J. (2010). Modes of knowledge acquisition and retrieval in artificial grammar learning. The Quarterly Journal of Experimental Psychology, 63 (8), 1495–1515.

[161] Purdy, John, D., Conway, Christopher, M., Walk, Anne, M., Ethan. (2015). Exploring the neurodevelopment of visual statistical learning using event–related brain potentials. Brain Research.

[162] Pylyshyn, Z. W. (1989). On computation and cognition: Toward a foundation of cognitive science: A response to the reviews by A.K. Mackworth and M.J. Stefik. Artificial Intelligence, 38 (2), 248–251.

[163] Qi, Z., Beach, S. D., Finn, A. S., Minas, J., Goetz, C., Chan, B.& Gabrieli, J. D. (2016). Native–language N400 and P600 predict dissociable language–learning abilities in adults. Neuropsychologia.

[164] Reber, A. S. (1967). Implicit learning of artificial grammars. Journal of Verbal Learning and Verbal Behavior, 6 (6), 855–863.

[165] Reber, A. S. (1993). Oxford psychology series, No. 19. Implicit learning and tacit knowledge: An essay on the cognitive unconscious: New York: Oxford University Press.

[166] Reber, A. S., Kassin, S. M., Lewis, S.& Cantor, G. (1980). On the relationship between implicit and explicit modes in the learning of a complex rule structure. Journal of Experimental Psychology: Human Learning and Memory, 6 (5), 492–502.

[167] Redick, T. S., Shipstead, Z., Meier, M. E., Montroy, J. J., Hicks, K. L., Unsworth, N., . . . Engle, R. W. (2016). Cognitive predictors of a common multitasking ability: Contributions from working memory, attention control, and fluid intelligence. Journal of Experimental Psychology: General, 145 (11), 1473.

[168] Regel, S., Meyer, L.& Gunter, T. C. (2014). Distinguishing neurocognitive processes reflected by P600 effects: Evidence from ERPs and neural oscillations. PloS one, 9 (5), e96840.

[169] Rieckmann, A., Fischer, H.& B€ackman, L. (2010). Activation in striatum and medial temporal lobe during sequence learning in younger and older adults: Relations to performance. NeuroImage, 50, 1303–1312.

[170] Romberg, A. R.& Saffran, J. R. (2013). All together now: Concurrent learning of multiple structures in an artificial language. Cognitive Science, 37 (7), 1290–1320.

[171] Rose, M., Haider, H., Salari, N.& Büchel, C. (2011).

Functional dissociation of hippocampal mechanism during implicit learning based on the domain of associations. Journal of Neuroscience, 31 (39), 13739–13745.

[172] Rowland, L. A.& Shanks, D. R. (2006). Attention modulates the learning of multiple contingencies. Psychonomic Bulletin & Review, 13 (4), 643–648.

[173] Saffran, J. R. (2001). Words in a sea of sounds: The output of infant statistical learning. Cognition, 81 (2), 149–169.

[174] Saffran, J. R., Aslin, R. N.& Newport, E. L. (1996). Statistical learning by 8–month–old infants. Science, 274 (5294), 1926–1928.

[175] Saffran, J. R., Johnson, E. K., Aslin, R. N.& Newport, E. L. (1999). Statistical learning of tone sequences by human infants and adults. Cognition, 70 (1), 27–52.

[176] Saffran, J. R.& Kirkham, N. Z. (2018). Infant Statistical Learning. Annual Review of Psychology, 69 (1), 181.

[177] Saffran, J. R., Newport, E. L., Aslin, R. N., Tunick, R. A.& Barrueco, S. (1997). Incidental language learning: Listening (and learning)out of the corner of your ear. Psychological Science, 8 (2), 101–105.

[178] Sakreida, K., Higuchi, S., Di Dio, C., Ziessler, M., Turgeon, M., Roberts, N.& Vogt, S. (2017). Cognitive Control Structures in the Imitation Learning of Spatial Sequences and Rhythms—

An fMRI Study. Cerebral Cortex.

[179] Samara, A.& Caravolas, M. (2016). Artificial grammar learning in dyslexic and nondyslexic adults: Implications for orthographic learning. Scientific Studies of Reading, 1–22.

[180] Sanchez, D. J.& Reber, P. J. (2013). Explicit pre–training instruction does not improve implicit perceptual[1]motor sequence learning. Cognition, 126, 341–351.

[181] Sanchez, D. J., Gobel, E. W.& Reber, P. J. (2010). Performing the unexplainable: Implicit task performance reveals individually reliable sequence learning without explicit knowledge. Psychonomic Bulletin & Review, 17, 790–796.

[182] Schapiro, A. C., Gregory, E., Landau, B., McCloskey, M.& Turk–Browne, N. B. (2014). The necessity of the medial temporal lobe for statistical learning. Journal of Cognitive Neuroscience, 26 (8), 1736–1747.

[183] Schapiro, A. C., Kustner, L. V.& Turk–Browne, N. B. (2012). Shaping of object representations in the human medial temporal lobe based on temporal regularities. Current Biology, 22, 1622–1627.

[184] Schuchard, J.& Thompson, C. K. (2017). Sequential learning in individuals with agrammatic aphasia: evidence from artificial grammar learning. Journal of Cognitive Psychology, 1–14.

[185] Schwarzkopp, T., Mayr, U.& Jost, K. (2016). Early selection versus late correction: Age-related differences in controlling working memory contents. Psychology and Aging, 31 (5), 430.

[186] Scoville, W. B.& Milner, B. (1957). Loss of recent memory after bilateral hippocampal lesions. Journal of Neurology, Neurosurgery and Psychiatry, 2, 11–21.

[187] Seger, C. A. (1998). Multiple forms of implicit learning.

[188] Seitz, A. R., Kim, R., van Wassenhove, V.& Shams, L. (2007). Simultaneous and independent acquisition of multisensory and unisensory associations. Perception, 36, 1445–1453.

[189] Shamma, S. (2001). On the role of space and time in auditory processing. Trends in Cognitive Sciences, 5, 340–348.

[190] Shanks, D. R., Johnstone, T.& Staggs, L. (1997). Abstraction processes in artificial grammar learning. The Quarterly Journal of Experimental Psychology, 50A, 216–252.

[191] Siegelman, N.& Frost, R. (2015). Statistical learning as an individual ability: Theoretical perspectives and empirical evidence. Journal of Memory and Language, 81, 105–120.

[192] Silva, S., Folia, V., Hagoort, P.& Petersson, K. M. (2016). The P600 in Implicit Artificial Grammar Learning. Cognitive science. 41 (1), 137-157.

[193] Skosnik, P. D., Gitelman, D. R., Parrish, T. B., Mesulam, M.-M.& Reber, P. J. (2002). Neural correlates of artificial

grammar learning. NeuroImage, 17, 1306–1314.

[194] Smith, G. N., Conway, C. M., Bauernschmidt, A.& Pisoni, D. B. (2015). Can we improve structured sequence processing? Exploring the direct and indirect effects of computerized training using a mediational model. PloS one, 10 (5), e0127148.

[195] Smith, L.& Yu, C. (2008). Infants rapidly learn word–referent mappings via cross–situational statistics. Cognition, 106 (3), 1558–1568.

[196] Stein, B. E.& Stanford, T. R. (2008). Multisensory integration: current issues from the perspective of the single neuron. Nature Reviews Neuroscience, 9 (4), 255–266.

[197] Stuss, D., Levine, B., Alexander, M., Hong, J., Palumbo, C., Hamer, L., . . . Izukawa, D. (2000). Wisconsin Card Sorting Test performance in patients with focal frontal and posterior brain damage: effects of lesion location and test structure on separable cognitive processes. Neuropsychologia, 38 (4), 388–402.

[198] Tabullo, Á., Sevilla, Y., Pasqualetti, G., Vernis, S., Segura, E., Yorio, A., . . . Wainselboim, A. (2011). Expectancy modulates a late positive ERP in an artificial grammar task. Brain Research, 1373, 131–143.

[199] Tabullo, Á., Sevilla, Y., Segura, E., Zanutto, S.& Wainselboim,

A. (2013). An ERP study of structural anomalies in native and semantic free artificial grammar: Evidence for shared processing mechanisms. Brain Research, 1527, 149–160.

[200] Tanaka, D., Kiyokawa, S., Yamada, A., Dienes, Z.& Shigemasu, K. (2008). Role of selective attention in artificial grammar learning. Psychonomic Bulletin & Review, 15 (6), 1154–1159.

[201] Teinonen, T., Fellman, V., Näätänen, R., Alku, P.& Huotilainen, M. (2009). Statistical language learning in neonates revealed by event–related brain potentials. BMC neuroscience, 10 (1), 21–28.

[202] Thiessen, E. D. (2010). Effects of visual information on adults' and infants' auditory statistical learning. Cognitive Science, 34 (6), 1093–1106.

[203] Thiessen, E. D., Hill, E. A.& Saffran, J. R. (2005). Infant - directed speech facilitates word segmentation. Infancy, 7 (1), 53–71.

[204] Thiessen, E. D.& Saffran, J. R. (2003). When cues collide: use of stress and statistical cues to word boundaries by 7–to 9–month–old infants. Developmental psychology, 39 (4), 706–716.

[205] Thompson, S. P.& Newport, E. L. (2007). Statistical learning of syntax: The role of transitional probability. Language

Learning and Development, 3 (1), 1–42.

[206] Toro, J. M., Sinnett, S.& Soto–Faraco, S. (2005). Speech segmentation by statistical learning depends on attention. Cognition, 97, B25–B34.

[207] Triesman, A. (1964). Selective attention in man. British Medical Bulletin, 20 (1), 12–16.

[208] Tunney, R. J.& Altmann, G. T. M. (2001). Two modes of transfer in artificial grammar learning. Journal of Experimental Psychology: Learning, Memory, and Cognition, 27, 614–639.

[209] Turk–Browne, N. B., Jungé, J. A.& Scholl, B. J. (2005). The automaticity of visual statistical learning. Journal of Experimental Psychology: General, 134 (4), 552–564.

[210] Tzvi, E., Münte, T. F.& Krämer, U. M. (2014). Delineating the cortico–striatal–cerebellar network in implicit motor sequence learning. NeuroImage, 94, 222–230.

[211] Vakil, E., Bloch, A.& Cohen, H. (2017). Anticipation measures of sequence learning: manual versus oculomotor versions of the serial reaction time task. The Quarterly Journal of Experimental Psychology, 70 (3), 579–589.

[212] Van Berkum, J. J. (2008). Understanding sentences in context: What brain waves can tell us. Current Directions in Psychological Science, 17 (6), 376–380.

[213] Van Herten, M., Kolk, H. H.& Chwilla, D. J. (2005). An

ERP study of P600 effects elicited by semantic anomalies. Cognitive Brain Research, 22 (2), 241–255.

[214] Weigard, A., Huang - Pollock, C.& Brown, S. (2016). Evaluating the consequences of impaired monitoring of learned behavior in attention–deficit/hyperactivity disorder using a Bayesian hierarchical model of choice response time. Neuropsychology, 30 (4), 502.

[215] Weiss, D. J., Gerfen, C.& Mitchel, A. D. (2009). Speech segmentation in a simulated bilingual environment: A challenge for statistical learning? Language Learning and Development, 5, 30–49.

[216] Witt, A.& Vinter, A. (2012). Artificial grammar learning in children: Abstraction of rules or sensitivity to perceptual features? Psychological Research, 76 (1), 97–110.

[217] 付秋芳 , 傅小兰 . (2006). 内隐学习中表征与意识的关系 . 心理科学进展 , 14 (1), 18–22.

[218] 郭秀艳 . (2003). 内隐学习：一种不知不觉的学习 . 教育科学 , 19 (6), 41–44.

[219] 郭秀艳 , 姜珊 , 凌晓丽 , 朱磊 , 唐菁华 . (2011). 直觉对内隐学习优势效应的特异性贡献 . 心理学报 , 43 (9), 977–982.

[220] 郭秀艳 , 杨治良 . (2002). 内隐学习与外显学习的相互关系 . 心理学报 , 34 (4), 351–356.

[221] 胡彬 , 冯成志 . (2013). 前瞻记忆类型差异及动机与任务序

列对前瞻记忆的影响 . 心理学报 , 45 (9), 944–960.

[222] 李开云 , 付秋芳 , 傅小兰 . (2012). 概率类别学习的认知神经机制 . 生物化学与生物物理进展 , 39 (11), 1037–1044.

[223] 李秀君 , 石文典 . (2016). 选择性注意对听觉内隐学习的影响 . 心理学报 , 48 (3), 221–229.

[224] 刘强 , 胡中华 , 赵光 , 陶维东 , 张庆林 , 孙弘进 . (2010). 通道估计可靠性先验知识在早期的知觉加工阶段影响多感觉信息整合 . 心理学报 42 (2), 227–234.

[225] 刘扬 , 张苗辉 , 郑逢斌 . (2013). 听觉选择性注意的认知神经机制与显著性计算模型 . 计算机科学 , 40 (6), 283–287.

[226] 罗跃嘉 , 魏景汉 . (1997). 选择性注意的 ERP 研究方法 . 心理科学 , 20 (6), 553–554.

[227] 石文典 , 李秀君 , 王维 , 严文华 . (2013). 多通道与单通道的内隐学习效应比较 . 心理学报 , 45 (012), 1313–1323.

[228] 徐贵平 , 范若琳 , 金花 . (2020). 统计学习的认知神经机制及其与语言的关系 . 心理科学进展 , 28 (09), 1525–1538.

[229] 杨治良 , 叶阁蔚 . (1993). 内隐学习 “ 三高 ” 特征的实验研究 . 心理科学 , 16 (3), 138–144.

[230] 张润来 , 刘电芝 . (2014). 人工语法学习中意识加工的渐进发展 . 心理学报 , 46 (11), 1649–1660.

[231] 郑昊敏 , 温忠麟 , 吴艳 . (2011). 心理学常用效应量的选用与分析 . 心理科学进展 , 19 (12), 1868–1878.

附　录

附录 1

实验一学习阶段

1	A	D1	E1	B	C2	D3	
2	A	D1	E2	A	D2		
3	A	D1	E2	B	C1	D1	
4	A	D1	E2	B	C1	D2	
5	A	D1	E2	B	C2	D1	
6	A	D1	E2	B	C2	D3	
7	A	D1	E3	A	D3		
8	A	D1	E3	B	C1	D1	
9	A	D1	E3	B	C1	D2	
10	A	D1	E3	B	C2	D3	
11	A	D2	E1	A	D1		
12	A	D2	E1	A	D3		
13	A	D2	E1	B	C1	D2	
14	A	D2	E1	B	C1	D3	
15	A	D2	E1	B	C2	D1	

（续表）

16	A	D2	E1	B	C2	D3	
17	A	D2	E2	B	C2	D3	
18	A	D2	E3	A	D1		
19	A	D2	E3	A	D2		
20	A	D2	E3	B	C1	D3	
21	A	D2	E3	B	C2	D2	
22	A	D2	E3	B	C2	D3	
23	A	D3	E1	A	D3		
24	A	D3	E1	B	C1	D2	
25	A	D3	E1	B	C2	D1	
26	A	D3	E1	B	C2	D3	
27	A	D3	E2	A	D2		
28	A	D3	E2	A	D3		
29	A	D3	E2	B	C1	D1	
30	A	D3	E2	B	C2	D1	
31	A	D3	E2	B	C2	D2	
32	A	D3	E3	B	C2	D3	
33	B	C1	D1	E1	A	D1	
34	B	C1	D1	E1	B	C1	D1
35	B	C1	D1	E1	B	C1	D3

（续表）

36	B	C1	D1	E1	B	C2	D1
37	B	C1	D1	E1	B	C2	D3
38	B	C2	D1	E1	A	D1	
39	B	C2	D1	E1	A	D2	
40	B	C2	D1	E1	B	C1	D1
41	B	C2	D1	E1	B	C1	D2
42	B	C2	D1	E1	B	C2	D2
43	B	C2	D1	E2	A	D1	
44	B	C2	D1	E2	A	D3	
45	B	C2	D1	E3	A	D1	
46	B	C2	D1	E3	A	D3	
47	B	C2	D2	E3	A	D3	
48	B	C2	D2	E3	A	D2	

附录 2

实验一测验阶段

合法序列							
1	A	D1	E1	B	C2	D2	
2	A	D1	E2	A	D1		
3	A	D1	E2	B	C1	D3	
4	A	D1	E2	B	C2	D2	

（续表）

5	A	D1	E3	A	D1		
6	A	D1	E3	B	C1	D3	
7	A	D1	E3	B	C2	D2	
8	A	D2	E1	A	D2		
9	A	D2	E1	B	C1	D1	
10	A	D2	E1	B	C2	D2	
11	A	D2	E2	B	C2	D1	
12	A	D2	E3	A	D3		
13	A	D2	E3	B	C1	D2	
14	A	D2	E3	B	C2	D1	
15	A	D3	E1	A	D1		
16	A	D3	E1	B	C1	D1	
17	A	D3	E1	B	C2	D2	
18	A	D3	E2	A	D1		
19	A	D3	E2	B	C1	D3	
20	A	D3	E2	B	C2	D3	
21	A	D3	E3	B	C2	D2	
22	B	C1	D1	E1	A	D3	
23	B	C1	D1	E1	B	C1	D2
24	B	C1	D1	E1	B	C2	D2
25	B	C2	D1	E1	A	D3	
26	B	C2	D1	E1	B	C1	D3

（续表）

27	B	C2	D1	E1	B	C2	D1
28	B	C2	D1	E2	A	D2	
29	B	C2	D1	E3	A	D2	
30	B	C2	D2	E3	A	D1	
31	B	C1	D1	E2	A	D1	
32	B	C1	D1	E2	A	D2	
33	B	C1	D1	E2	A	D3	
34	B	C1	D1	E2	B	C1	D1
35	B	C1	D1	E2	B	C1	D2
36	B	C1	D1	E2	B	C1	D3
37	B	C1	D1	E2	B	C2	D1
38	B	C2	D2	E3	A	D1	
39	B	C1	D1	E2	A	D1	
40	B	C1	D1	E2	A	D2	
41	B	C1	D1	E2	A	D3	
42	B	C1	D1	E2	B	C1	D1
43	B	C1	D1	E2	B	C1	D2
44	B	C1	D1	E2	B	C1	D3
45	B	C1	D1	E2	B	C2	D1
46	B	C2	D2	E3	A	D1	
47	B	C1	D1	E2	A	D1	
48	B	C1	D1	E2	A	D2	

（续表）

49	B	C1	D1	E2	A	D3	
50	B	C1	D1	E2	B	C1	D1
51	B	C1	D1	E2	B	C1	D2
52	B	C1	D1	E2	B	C1	D3
53	B	C1	D1	E2	B	C2	D1
54	B	C2	D2	E3	A	D1	
55	B	C1	D1	E2	A	D1	
56	B	C1	D1	E2	A	D2	
57	B	C1	D1	E2	A	D3	
58	B	C1	D1	E2	B	C1	D1
59	B	C1	D1	E2	B	C1	D2
60	B	C1	D1	E2	B	C1	D3
61	B	C1	D1	E2	B	C2	D1
62	B	C2	D2	E3	A	D1	
63	B	C1	D1	E2	A	D1	
64	B	C1	D1	E2	A	D2	
65	B	C2	D2	E3	A	D1	
66	B	C1	D1	E2	A	D1	
67	B	C1	D1	E2	A	D2	
68	B	C1	D1	E2	A	D3	
69	B	C1	D1	E2	B	C1	D1
70	B	C1	D1	E2	B	C1	D2

（续表）

71	B	C1	D1	E2	B	C1	D3
72	B	C1	D1	E2	B	C2	D1
73	B	C2	D2	E3	A	D1	
74	B	C2	D2	E3	A	D1	
75	B	C1	D1	E2	A	D1	
76	B	C1	D1	E2	A	D2	
77	B	C1	D1	E2	A	D3	
78	B	C1	D1	E2	B	C1	D1
79	B	C1	D1	E2	B	C1	D2
80	B	C1	D1	E2	B	C1	D3
不合法序列							
1	A	D1	B	B	C2	D2	
2	A	D1	A	A	D1		
3	A	D1	B	B	C1	D3	
4	A	D1	B	B	C2	D2	
5	A	D1	A	A	D1		
6	A	D1	B	B	C1	D3	
7	A	D1	B	B	C2	D2	
8	A	D2	A	A	D2		
9	A	D2	B	B	C1	D1	
10	A	D2	B	B	C2	D2	
11	A	D2	B	B	C2	D1	

（续表）

12	A	D2	A	A	D3		
13	A	D2	B	B	C1	D2	
14	A	D2	B	B	C2	D1	
15	A	D3	A	A	D1		
16	A	D3	B	B	C1	D1	
17	A	D3	B	B	C2	D2	
18	A	D3	A	A	D1		
19	A	D3	B	B	C1	D3	
20	A	D3	B	B	C2	D3	
21	A	D3	B	B	C2	D2	
22	B	C1	E1	E1	A	D3	
23	B	C1	E1	E1	B	C1	D2
24	B	C1	E1	E1	B	C2	D2
25	B	C2	E1	E1	A	D3	
26	B	C2	E1	E1	B	C1	D3
27	B	C2	E1	E1	B	C2	D1
28	B	C2	E2	E2	A	D2	
29	B	C2	E3	E3	A	D2	
30	B	C2	E3	E3	A	D1	
31	B	C1	E2	E2	D1	D1	
32	B	C1	E2	E2	D1	D2	
33	B	C1	E2	E2	D1	D3	

（续表）

34	B	C1	E2	E2	D1	C1	D1
35	B	C1	E2	E2	D1	C1	D2
36	B	C1	E2	E2	D1	C1	D3
37	B	C1	E2	E2	D1	C2	D1
38	B	C2	E3	E3	D2	D1	
39	B	C1	E2	E2	D1	D1	
40	B	C1	E2	E2	D1	D2	
41	B	C1	E2	E2	D1	D3	
42	B	C1	E2	E2	D1	C1	D1
43	B	C1	E2	E2	D1	C1	D2
44	B	C1	E2	E2	D1	C1	D3
45	B	C1	E2	E2	D1	C2	D1
46	B	C2	E3	E3	D2	D1	
47	B	C1	E2	E2	D1	D1	
48	B	C1	E2	E2	D1	D2	
49	B	C1	E2	E2	D1	D3	
50	B	C1	E2	E2	D1	C1	D1
51	B	C1	E2	E2	D1	C1	D2
52	B	C1	E2	E2	D1	C1	D3
53	B	C1	E2	E2	D1	C2	D1
54	B	C2	E3	E3	D2	D1	
55	B	C1	E2	E2	D1	D1	

（续表）

56	B	C1	E2	E2	D1	D2	
57	B	C1	E2	E2	D1	D3	
58	B	C1	E2	E2	D1	C1	D1
59	B	C1	E2	E2	D1	C1	D2
60	B	C1	E2	E2	D1	C1	D3
61	B	C1	E2	E2	D1	C2	D1
62	B	C2	E3	E3	D2	D1	
63	B	C1	E2	E2	D1	D1	
64	B	C1	E2	E2	D1	D2	
65	B	C2	E3	E3	D2	D1	
66	B	C1	E2	E2	D1	D1	
67	B	C1	E2	E2	D1	D2	
68	B	C1	E2	E2	D1	D3	
69	B	C1	E2	E2	D1	C1	D1
70	B	C1	E2	E2	D1	C1	D2
71	B	C1	E2	E2	D1	C1	D3
72	B	C1	E2	E2	D1	C2	D1
73	B	C2	E3	E3	D2	D1	
74	B	C2	E3	E3	D2	D1	
75	B	C1	E2	E2	D1	D1	
76	B	C1	E2	E2	D1	D2	
77	B	C1	E2	E2	D1	D3	

（续表）

78	B	C1	E2	E2	D1	C1	D1
79	B	C1	E2	E2	D1	C1	D2
80	B	C1	E2	E2	D1	C1	D3

附录 3

实验四学习阶段——视觉

1	A	D1	E1	D1	B	E1	
2	A	D1	E1	B	E1		
3	A	D1	E1	D1	B	E2	
4	A	D1	E1	D1	B	E3	
5	A	D1	E1	D2	B	E1	
6	A	D1	E1	D2	B	E2	
7	A	D2	E2	B	E2		
8	A	D1	E2	D2	C1	E1	
9	A	D1	E2	D2	C1	E2	
10	A	D1	E2	D2	C1	E3	
11	A	D1	E1	B	E2		
12	A	D1	E1	B	E3		
13	A	D3	E2	D3	C1	E3	
14	A	D3	E3	D1	C1	E1	
15	A	D3	E3	D1	C1	E2	
16	A	D3	E3	D1	C1	E3	
17	A	D3	E3	D2	C1	E1	

（续表）

18	A	D2	E1	B	E2		
19	A	D2	E1	B	E3		
20	A	D3	E3	D2	C1	E2	
21	A	D3	E3	D2	C1	E3	
22	A	D3	E3	D3	C1	E1	
23	A	D3	E3	B	E2		
24	A	D2	E1	D2	C1	E3	
25	A	D2	E1	D3	C1	E1	
26	A	D2	E1	D3	C1	E2	
27	A	D3	E2	B	E3		
28	A	D3	E3	B	E1		
29	A	D2	E1	D1	C2	E1	
30	A	D2	E1	D1	C2	E2	
31	A	D2	E1	D1	C2	E3	
32	A	D2	E1	D2	C2	E1	
33	A	D2	E1	D2	C2	E2	
34	A	D2	E3	D3	C2	C2	E2
35	A	D2	E3	D3	C2	C2	E3
36	A	D3	E1	D1	C2	C2	E1
37	A	D3	E1	D1	C2	C2	E2
38	A	D1	E3	D3	C2	E3	
39	A	D1	E3	D3	C2	E2	

（续表）

40	A	D3	E3	D3	C2	C2	E1
41	A	D3	E3	D3	C2	C2	E2
42	A	D3	E3	D3	C2	C2	E3
43	A	D1	E3	D2	C2	E2	
44	A	D1	E3	D2	C2	E3	
45	A	D1	E3	D3	C2	E1	
46	A	D2	E3	D1	C2	E1	
47	A	D2	E3	D1	C2	E2	
48	A	D2	E3	D1	C2	E3	

附录 4

实验四测验阶段——视觉

合法序列							
1	A	D1	E1	D2	B	E3	
2	A	D2	E2	B	E1		
3	A	D1	E1	D3	B	E1	
4	A	D1	E1	D3	B	E2	
5	A	D2	E2	B	E2		
6	A	D1	E1	D3	B	E3	
7	A	D1	E2	D1	B	E1	
8	A	D2	E2	B	E3		
9	A	D1	E1	D3	B	E3	

（续表）

10	A	D1	E2	D1	B	E1	
11	A	D1	E2	D1	B	E2	
12	A	D1	E1	C1	E1		
13	A	D3	E3	D3	B	E2	
14	A	D3	E3	D3	B	E3	
15	A	D3	E2	B	E2		
16	A	D3	E2	D3	C1	E1	
17	A	D3	E2	D3	C1	E2	
18	A	D1	E1	C1	E3		
19	A	D3	E2	D2	C1	E1	
20	A	D3	E2	D2	C1	E2	
21	A	D3	E2	D2	C1	E3	
22	A	D3	E2	D1	C1	E3	
23	A	D1	E1	D2	C1	C1	E1
24	A	D1	E1	D2	C1	C1	E2
25	A	D3	E1	D3	C1	E3	
26	A	D1	E1	D1	C1	C1	E2
27	A	D1	E1	D1	C1	C1	E3
28	A	D3	E2	D1	C1	E1	
29	A	D3	E2	D1	C1	E2	
30	A	D3	E2	D1	C1	E3	
31	A	D3	E1	D2	C1	E2	

（续表）

32	A	D3	E1	D2	C1	E1	
33	A	D2	E2	D3	C1	E1	
34	A	D2	E1	D1	C1	C1	E1
35	A	D1	E1	D2	C1	C1	E1
36	A	D1	E1	D2	C1	C1	E2
37	A	D1	E2	D1	C1	C1	E1
38	A	D3	E1	D2	C1	E3	
39	A	D3	E1	D3	C1	E1	
40	A	D3	E1	D3	C1	E2	
41	A	D3	E1	D3	C1	E3	
42	A	D1	E1	D2	C1	C1	E3
43	A	D1	E1	D3	C1	C1	E1
44	A	D1	E1	D3	C1	C1	E2
45	A	D1	E1	D3	C1	C1	E3
46	A	D2	E3	D2	C1	E1	
47	A	D2	E3	D2	C1	E2	
48	A	D2	E3	D2	C1	E3	
49	A	D2	E3	D3	C2	E1	
50	A	D3	E1	D3	C2	C2	E1
51	A	D3	E1	D3	C2	C2	E2
52	A	D3	E1	D3	C2	C2	E3
53	A	D3	E2	D1	C2	C2	E1

（续表）

54	A	D2	E3	D3	C2	E2	
55	A	D2	E3	D3	C2	E3	
56	A	D3	E1	D1	C2	E1	
57	A	D3	E1	D1	C2	E2	
58	A	D2	E1	D1	C2	C2	E2
59	A	D2	E1	D1	C2	C2	E3
60	A	D2	E1	D2	C2	C2	E1
61	A	D2	E1	D2	C2	C2	E2
62	A	D2	E1	D3	C2	E3	
63	A	D2	E2	D1	C2	E1	
64	A	D2	E2	D1	C2	E2	
65	A	D2	E2	D1	C2	E3	
66	A	D2	E2	D2	C2	E1	
67	A	D2	E2	D3	C2	E2	
68	A	D2	E2	D3	C2	E3	
69	A	D1	E3	D3	C2	C2	E2
70	A	D1	E3	D3	C2	C2	E3
71	A	D1	E3	D2	C2	C2	E3
72	A	D1	E3	D3	C2	C2	E1
73	A	D2	E3	D3	C2	E2	
74	A	D2	E3	D3	C2	E3	
75	A	D3	E1	D1	C2	E1	

（续表）

76	A	D3	E1	D1	C2	E2	
77	A	D3	E1	D1	C2	E3	
78	A	D3	E1	D2	C2	E1	E3
79	A	D1	E3	D2	C2	C2	E1
80	A	D1	E3	D2	C2	C2	E2
不合法序列							
1	A	D1	D2	E1	B	E3	
2	A	D2	B	E2	E1		
3	A	D1	D3	E1	B	E1	
4	A	D1	D3	E1	B	E2	
5	A	D2	B	E2	E2		
6	A	D1	D3	E1	B	E3	
7	A	D1	D1	E2	B	E1	
8	A	D2	B	E2	E3		
9	A	D1	D3	E1	B	E3	
10	A	D1	D1	E2	B	E1	
11	A	D1	D1	E2	B	E2	
12	A	D1	C1	E1	E1		
13	A	D3	D3	E3	B	E2	
14	A	D3	D3	E3	B	E3	
15	A	D3	B	E2	E2		
16	A	D3	D3	E2	C1	E1	

（续表）

17	A	D3	D3	E2	C1	E2	
18	A	D1	C1	E1	E3		
19	A	D3	D2	E2	C1	E1	
20	A	D3	D2	E2	C1	E2	
21	A	D3	D2	E2	C1	E3	
22	A	D3	D1	E2	C1	E3	
23	A	D1	D2	E1	C1	C1	E1
24	A	D1	D2	E1	C1	C1	E2
25	A	D3	D3	E1	C1	E3	
26	A	D1	D1	E1	C1	C1	E2
27	A	D1	D1	E1	C1	C1	E3
28	A	D3	D1	E2	C1	E1	
29	A	D3	D1	E2	C1	E2	
30	A	D3	D1	E2	C1	E3	
31	A	D3	D2	E1	C1	E2	
32	A	D3	D2	E1	C1	E1	
33	A	D2	D3	E2	C1	E1	
34	A	D2	D1	E1	C1	C1	E1
35	A	D1	D2	E1	C1	C1	E1
36	A	D1	D2	E1	C1	C1	E2
37	A	D1	D1	E2	C1	C1	E1
38	A	D3	D2	E1	C1	E3	

（续表）

39	A	D3	D3	E1	C1	E1	
40	A	D3	D3	E1	C1	E2	
41	A	D3	D3	E1	C1	E3	
42	A	D1	D2	E1	C1	C1	E3
43	A	D1	D3	E1	C1	C1	E1
44	A	D1	D3	E1	C1	C1	E2
45	A	D1	D3	E1	C1	C1	E3
46	A	D2	D2	E3	C1	E1	
47	A	D2	D2	E3	C1	E2	
48	A	D2	D2	E3	C1	E3	
49	A	D2	D3	E3	C2	E1	
50	A	D3	D3	E1	C2	C2	E1
51	A	D3	D3	E1	C2	C2	E2
52	A	D3	D3	E1	C2	C2	E3
53	A	D3	D1	E2	C2	C2	E1
54	A	D2	D3	E3	C2	E2	
55	A	D2	D3	E3	C2	E3	
56	A	D3	D1	E1	C2	E1	
57	A	D3	D1	E1	C2	E2	
58	A	D2	D1	E1	C2	C2	E2
59	A	D2	D1	E1	C2	C2	E3
60	A	D2	D2	E1	C2	C2	E1

（续表）

61	A	D2	D2	E1	C2	C2	E2
62	A	D2	D3	E1	C2	E3	
63	A	D2	D1	E2	C2	E1	
64	A	D2	D1	E2	C2	E2	
65	A	D2	D1	E2	C2	E3	
66	A	D2	D2	E2	C2	E1	
67	A	D2	D3	E2	C2	E2	
68	A	D2	D3	E2	C2	E3	
69	A	D1	D3	E3	C2	C2	E2
70	A	D1	D3	E3	C2	C2	E3
71	A	D1	D2	E3	C2	C2	E3
72	A	D1	D3	E3	C2	C2	E1
73	A	D2	D3	E3	C2	E2	
74	A	D2	D3	E3	C2	E3	
75	A	D3	D1	E1	C2	E1	
76	A	D3	D1	E1	C2	E2	
77	A	D3	D1	E1	C2	E3	
78	A	D3	D2	E1	C2	E1	E3
79	A	D1	D2	E3	C2	C2	E1
80	A	D1	D2	E3	C2	C2	E2

附录 5

实验五　学习阶段序列					
Grammar1			Grammar2		
CVNDVN	VNDVDV	CVNDVK	277462	274627	274299
VNDCVK	CCVKNN	CVDVNN	246277	462462	462424
VDVNNN	VNDVN	CCCVD	429942	27746	27462
CCVDV	CVDVN	VDVNN	24299	46277	42999
VKNNN	CCVD	VDVN	42942	2742	2429
CVKN	VDV	VKN	4299	246	424

附录 6

实验五　测验阶段序列							
Novel							
Grammar1				Grammar2			
Grammatical		Nongrammatical		Grammatical		Nongrammatical	
VNDCVN	VNDCVD	VKDDVN	KNDDVD	277742	277429	977746	277496
CCCVDV	VNDVKN	DCCVDK	VNNDKN	246246	462746	246979	962749
CVKNNN	CCCVN	CVKNDD	DDCVN	429994	27742	469974	29749
VNDVD	VNDVK	VNNDD	VNDKV	27424	24627	27496	29697
CCCVK	CCVKN	KDVCK	DCVKV	46242	42427	46942	49627